1001 Dates
pour mieux apprendre l'arabe

français - arabe

Version bicolore
Noms propres en rouge

Ghalib Al-Hakkak

Auteur auto-édité

Agrégé d'arabe - Université Paris 1 Panthéon-Sorbonne

© Ghalib Al-Hakkak, septembre 2015
ISBN : 978-2-903184-09-4
EAN : 9782903184094

Editeur : Ghalib Al-Hakkak, auteur auto-édité
Marmagne (71710), Bourgogne, France
ghalib@al-hakkak.fr

Imprimé par Amazon

Dépôt légal : Bibliothèque Nationale de France, octobre 2015

Introduction

Il est impossible de prétendre à l'objectivité quand il s'agit de choisir des « grandes dates », surtout de la part d'un auteur solitaire et encore plus quand il faut faire un choix restreint. Cet ouvrage n'est pas censé servir de support historique, même s'il en a l'air. L'objectif est d'exploiter l'intérêt naturel que tout un chacun peut avoir pour une chronologie afin de renforcer l'apprentissage de la langue arabe chez les élèves et les étudiants francophones. Comment écrire en arabe et prononcer tel nom propre ? Comment dit-on telle expression ? Ce sont des questions récurrentes qui doivent facilement trouver réponse ici, au lieu de devenir une cause de découragement ou d'erreur.

Mais la subjectivité avouée ici ne signifie pas que cette longue série de dates est marquée par des négligences majeures délibérées. l'indulgence des lecteurs est espérée si un oubli « choquant » résonne malgré tout par-ci par-là. Une édition future pourra alors réparer les lacunes impardonnables.

Une lecture rapide de cette chronologie pourrait la faire ressembler à une rubrique nécrologique. Un ordre inversé aurait pu être adopté. Au lieu de mentionner la date de disparition d'un personnage célèbre, on aurait pu mentionner sa date de naissance. Mais cette approche, originale, aurait pu dérouter le lecteur et empêcher une lecture aisée, dans un ouvrage à but pédagogique.

Le choix de certaines dates données ici marque davantage

la subjectivité de la sélection. Il n'est pas difficile de remarquer un certain intérêt pour le rôle joué par la femme dans l'histoire de l'humanité. «Première femme au parlement...», «première femme ordonnée évèque...», etc. Cela traduit une conviction profonde qu'une société qui respecte les droits de la femme est une société plus riche à tous points de vue.

Cette subjectivité augmente encore plus quand la chronologie arrive au XXème siècle. Il n'y a pas lieu de réprimer l'envie de souligner quelques grandes injustices qui ont marqué notre époque. La Shoah, le génocide arménien, celui du Rwanda, les massacres tout au long du siècle sont rappelés ici, sans occulter des injustices majeures qui ont frappé les populations un peu partout dans le monde, et notamment dans le monde arabe et avant tout les Palestiniens, victimes émblématiques d'un ordre mondial parfois aveugle.

La rédaction relative à chaque événement cité ici n'a pas été chose facile. Chaque lecteur pourrait trouver à redire sur le choix d'un terme, d'une expression. Sans malice aucune, la formulation choisie reflète des convictions sincères et un attachement aux principes de justice, de liberté et de solidarité. D'où un intérêt particulier pour les personnages qui ont servi l'humanité, et pour les événements relatifs au partage des connaissances et à la diffusion du savoir.

Techniquement, l'utilité espérée de cette chronologie se décline en trois volets :

1. Savoir comment se prononce et s'écrit en arabe un nom propre ou une référence quelconque. Ces éléments apparaissent en gris foncé pour en faciliter le repérage. Dans le même ordre

d'idée, une attention particulière est observée ici concernant les nombres, parfois difficiles à accorder en arabe. Aussi sont-ils souvent donnés en toutes lettres en arabe.

2. Enrichir son vocabulaire par une application concrète dans un contexte bien balisé : la chronologie. La répétition inévitable de nombreux termes techniques devrait finir rapidement par installer dans la mémoire de l'étudiant un lexique riche et fort utile.

3. En ce qui concerne le contenu, partant du principe que l'utilisateur de cet ouvrage est un étudiant francophone, souvent Français, quelques détails apparaissent uniquement en arabe et peuvent être faiclement devinés. L'arabe étant plus compact que le français, il a été possible de jouer sur certaines variations entre les énoncés. Cela procure l'occasion de s'exercer à repérer les différences, seul ou sous le contrôle d'un professeur. Ce décalage rappelle aussi qu'une traduction littérale n'a qu'un intérêt très limité. Les calques, de plus en plus répandus dans les médias, ne doivent pas prendre le dessus dans l'apprentissage de l'arabe. Les formulations française et arabe doivent donc être minutieusement observées et comparées.

Y a-t-il un risque de ne pas comprendre une formulation ? Non, puisque cet ouvrage est conçu pour des utilisateurs ayant déjà acquis les premières bases de l'arabe. Et puis, le vocabulaire est simple, répétitif et employé en contexte. Tout est réuni donc pour fixer un lexique bien utile, varié, et accompagné d'un ensemble non négligeable de noms propres.

Les enregistrements

Il est possible d'écouter un document sonore correspondant à chaque année, à cette adresse :

http://www.al-hakkak.fr/Chronologie/son-ANNEE.MP3

NB : taper les chiffres correspondant à l'année à la place de «ANNEE». Exemples :

http://www.al-hakkak.fr/Chronologie/son--753.MP3

http://www.al-hakkak.fr/Chronologie/son-476.MP3

Cette chronologie n'est pas un support de cours. C'est un outil que chaque élève peut consulter de temps à autre, en copier des termes, des phrases, voire en prendre des informations utiles à ses études, tout en prenant soin de les vérifier par d'autres sources.

Et si certains lecteurs trouvaient dans la traversée de cette chronologie autant de plaisir que l'auteur au cours de son élaboration, la satisfaction de ce dernier n'en serait que plus grande.

Ghalib Al-Hakkak

Marmagne, 13 septembre 2015

Bibliographie

NB : ne s'agissant pas d'un travail d'historien, les sources consultées sont peu nombreuses.

- Dans la collection *Que-sais-je ?*, Ed. PUF, les numéros 1013, 1088, 1333, 1433 et 2326.
- Chronique du 20^(ème) siècle, Ed. Chronique, Boulogne-Biallancourt 1992.
- *Wikipédia* dans ses versions arabe et française.
- Sites WEB de la presse arabe.

Abréviations

Avant Jésus-Christ   ق م (قبل الميلاد)

Environ   ح (حوالي)

Vers   ح (حوالي)

NB :
- l'emploi du *slash* " / " indique une simple ponctuation ou un changement de sujet en arabe, et correspond en français à un changement de sujet, seulement.
- la transcription / translittération de noms et termes arabes en français peut paraître incohérente. La raison en est de ne pas imposer un système unique, technique. L'orthographe communément admise en français est souvent respectée. Ailleurs, un système simple est utilisé, permettant notamment de distinguer voyelles courtes et voyelles longues.

1001 Dates pour mieux apprendre l'arabe

français - arabe

Le choix des dates retenues ici est purement subjectif et vise avant tout l'intérêt linguistique. Il ne s'agit nullement d'un document utile pour l'étude de l'histoire. En revanche, il permet de savoir comment se prononcent et s'écrivent en arabe des termes et des noms propres essentiels en vue d'une utilisation convenable de la langue arabe, que ce soit dans le cadre de l'étude de l'histoire ou de la science politique, notamment.

D'autre part, il ne s'agit pas d'un document symétrique. La version arabe peut parfois être plus longue donnant des détails connus de tous et donc inutiles à rappeler en français. Cependant, en découvrir la formulation en arabe peut être bénéfique à l'étudiant arabisant.

v. - 1750 — Code d'Hammurabi, roi de Babylone, au pouvoir durant la première moitié du XVIIIème siècle av. J-C.

ح ١٧٥٠ ق م (قبل الميلاد) - قوانين حمورابي ملك بابل الذي حكم في النصف الأول من القرن الثامن عشر قبل الميلاد

v. - 1353 à -1337 — Règne d'Akhénaton en Egypte qui impose le culte d'Aton ; pour certains, il s'agit de la première manifestation du monothéisme.

من ح سنة ١٣٥٣ إلى سنة ١٣٣٧ ق م - عهد أخناتون في مصر وهو الذي فرض عبادة إله واحد هو آتون وهو ما يعتبره البعض أول أشكال التوحيد في تاريخ الإنسانية

- 1327 — Mort de Toutânkhamon (18 ans, env.) qui rétablit le culte d'Amon et d'autres divinités.

سنة ١٣٢٧ ق م - وفاة توت عنخ آمون وهو في الثامنة عشرة من عمره تقريباً وهو الذي أعاد حرية عبادة الإله آمون وآلهة أخرى متعددة

- 776 — Premiers Jeux Olympiques à Olympie.

سنة ٧٧٦ ق م - الألعاب الأولمبية الأولى في جبل أولمبيا في شمال اليونان الحالية

v. - 753 — Selon la tradition, fondation de la ville de Rome.

ح سنة ٧٥٣ ق م - تأسيس مدينة روما التي أصبحت فيما بعد عاصمة للإمبراطورية الرومانية

v. - 750 — Homère, l'Iliades et l'Odyssée.

ح سنة ٧٥٠ ق م - هوميروس يؤلف الإلياذة والأوديسة

- 668-626 — Règne d'Assourbanipal roi de Ninive.

من سنة ٦٦٨ إلى سنة ٦٢٦ ق م - عهد الملك آشور بانيبال الذي حكم نينوى في شمال وادي الرافدين

v. - 660 — Fondation de Byzance.

ح سنة ٦٦٠ - تأسيس مدينة بيزنطة

- 605-562 — Règne de Nabuchodonosor roi de Babylone.

من سنة ٦٠٥ إلى سنة ٥٦٢ ق م - عهد نبوخذنصر الثاني ملك بابل

v. - 600 — Fondation de Marseille.

ح سنة ٦٠٠ ق م - تأسيس مدينة مارسيليا

- 586 — Nabuchodonosor détruit Jérusalem et annexe le royaume de Juda.

سنة ٥٨٦ ق م - ملك بابل نبوخذنصر الثاني يدمر مدينة أورشليم ويضم مملكة يهودا إلى دولته

v. -551-479 — Vie de Confucius.

ح سنة ٥٥١ إلى سنة ٤٧٩ ق م - حياة كونفوشيوس

v. - 540 — *Théorème de Pythagore* : $a^2 + b^2 = c^2$

v. - 500 - v. 479 — Guerres médiques entre les Perses et les Grecs.

- 479 — Début de l'époque classique et apogée d'Athènes.

- 428-347 — Vie de Platon.

- 399 — Procès et mort de Socrate (71 ans).

- 384-322 — Vie d'Aristote.

- 336 — Alexandre roi de Macédoine.

- 334-323 — Alexandre à la conquête de l'Asie.

- 323 — Mort d'Alexandre (33 ans) à Babylone (Mésopotamie).

- 288 — Fondation de la bibliothèque d'Alexandrie par Ptolémée Ier.

- 211 — Raid d'Hannibal sur Rome.

- 202 — Début de la conquête romaine, suite à la défaite d'Hannibal et la prise de Carthage par les Romains.

- 73-71 — Révolte de Spartacus.

- 52-50 — Campagne de César en Gaule ; victoire romaine à Alésia.

ح سنة ٥٤٠ ق م - نظرية فيثاغور في علم المثلثات : أ² + ب² = ج²

من ح سنة ٥٠٠ إلى ح سنة ٤٧٩ ق م - الحروب المدية (الحروب الفارسية) بين الإغريق والفرس

سنة ٤٧٩ ق م - بداية العصر الكلاسيكي في بلاد الإغريق والعصر الذهبي في أثينا

من سنة ٤٢٨ إلى سنة ٣٤٧ ق م - حياة إفلاطون

سنة ٣٩٩ ق م - محاكمة الفيلسوف الإغريقي سقراط ووفاته إثر تناوله السم (عاش ٧١ عاماً)

من سنة ٣٨٤ إلى سنة ٣٢٢ ق م - حياة أرسطو

سنة ٣٣٦ ق م - الإسكندر يصبح ملكاً لـمقدونيا

من سنة ٣٣٤ إلى سنة ٣٢٣ ق م - الإسكندر يغزو آسيا

سنة ٣٢٣ ق م - وفاة الإسكندر في مدينة بابل في وادي الرافدين عن ثلاثة وثلاثين عاماً

سنة ٢٨٨ ق م - تأسيس مكتبة الإسكندرية على يد بطليموس الأول

سنة ٢١١ ق م - هانيبال يغزو روما

سنة ٢٠٢ ق م - بداية الفتوحات الرومانية إثر هزيمة هانيبال (حنبعل) واحتلال الرومان لقرطاجة (قرطاج)

من سنة ٧٣ إلى سنة ٧١ ق م - ثورة سبارتاكوس

من سنة ٥٢ إلى سنة ٥٠ ق م - حملة يوليوس قيصر في بلاد الغال وانتصار الرومان في معركة أليزيا

- 44 — Assassinat de Jules-César à Rome (56 ans).

- 27 — Début de l'Empire.

- 25 — Expédition romaine en Arabie.

- 19 — Mort du poète Virgile à Rome (51 ans).

17 — Mort de l'historien romain Tite-Live (76 ans).

30 — Prédication et crucifixion de Jésus Christ.

49 — Expulsion des juifs de Rome.

64 — Incendie de Rome, début des persécutions contre les chrétiens.

70 — Construction du Colisée à Rome.

79 — Eruption volcanique du Vésuve et disparition des villes de Pompéi et de Herculanum.

180 — Mort de l'empereur romain Marc-Aurèle (59 ans).

224 — Avènement de la dynastie sassanide en Perse.

242 — Début de la prédication de Mani (216-277) en Perse.

244-249 — Philippe l'Arabe empereur

سنة ٤٤ ق م - اغتيال يوليوس قيصر في روما وهو في السادسة والخمسين من عمره

سنة ٢٧ ق م - بداية الإمبراطورية الرومانية

سنة ٢٥ ق م - حملة رومانية في الجزيرة العربية

سنة ١٩ ق م - وفاة الشاعر الروماني فرجيل في روما وهو في الواحدة والخمسين من عمره

سنة ١٧ - وفاة المؤرخ الروماني تيتوس ليفيوس (عاش ٧٦ عاماً)

سنة ٣٠ - دعوة المسيح إلى الدين الجديد ومحاكمته وصلبه في مدينة القدس

سنة ٤٩ - طرد اليهود من مدينة روما

سنة ٦٤ - حريق روما وبداية اضطهاد المسيحيين في الإمبراطورية الرومانية

سنة ٧٠ - تشييد الكوليزيه في روما

سنة ٧٩ - ثوران بركان في جبل الفيزوف يؤدي إلى زوال مدينتي بومبي والهرقلية إلى الجنوب من مدينة نابولي الحالية في إيطاليا

سنة ١٨٠ - وفاة الإمبراطور الروماني ماركوس أوريليوس وهو في التاسعة والخمسين من عمره

سنة ٢٢٤ - بداية عهد الدولة الساسانية في بلاد فارس (إيران الحالية)

سنة ٢٤٢ - بداية دعوة ماني إلى دينه في بلاد فارس وقد عاش ماني ما بين عامي ٢١٦ و ٢٧٧

من سنة ٢٤٤ إلى سنة ٢٤٩ - حكم الإمبراطور

romain ; il tua l'empereur Gordien III et lui succéda et fut assassiné par les soldats de Dèce.

313 — Edit de Constantin autorisant la religion chrétienne.

392 — Edit de Théodose autorisant seulement la religion chrétienne dans l'Empire romain.

395 — Partage de l'Empire, Empire romain d'Occident et Empire romain d'Orient.

410 — Prise de Rome par les Goths. Alaric à Rome.

414 — Les Wisigoths en Espagne.

430 — Mort du philosophe et théologien chrétien Saint-Augustin (76 ans) à Hippone (actuelle Annaba / Bône, en Algérie).

453 — Mort d'Attila (58 ans).

455 — Les Vandales à Rome.

476 — Chute de l'Empire romain d'Occident et fin de l'Antiquité. L'Empire romain d'Orient subsiste avec pour capitale Constantinople.

496 — Date présumée du baptême de Clovis, fondateur de la dynastie

الروماني فيليبوس العربي الذي قتل الإمبراطور غورديان الثالث وخلفه على رأس الإمبراطورية حتى قتله الجنود الخاضعون لإمرة ديس

سنة ٣١٣ - قرار الإمبراطور قسطنطين الذي سمح بممارسة الديانة المسيحية

سنة ٣٩٢ - قرار الإمبراطور ثيودوس الذي جعل المسيحية الدين الوحيد المسموح بممارسته في أراضي الإمبراطورية الرومانية

سنة ٣٩٥ - انقسام الإمبراطورية إلى إمبراطوريتين الأولى هي الإمبراطورية الرومانية الغربية والثانية هي الإمبراطورية الرومانية الشرقية

سنة ٤١٠ - الغوط بقيادة ملكهم ألاريك يدخلون روما وينهبونها ويتحكمون بمصيرها

سنة ٤١٤ - الغوط الغربيون يحتلون إسبانيا

سنة ٤٣٠ - وفاة الفيلسوف والعالم الديني القديس أغسطينوس وهو في السادسة والسبعين من عمره في مدينة هيبون القديمة وهي مدينة عنابة الحالية في الجزائر وهو من أصل متفرع قبائلي ولاتيني

سنة ٤٥٣ - وفاة أتيلا (عاش ٥٨ سنة)

سنة ٤٥٥ - الونداليون يدخلون روما

سنة ٤٧٦ - سقوط الإمبراطورية الرومانية الغربية ونهاية الفترة العتيقة / الإمبراطورية الرومانية الشرقية تظل قائمة في الشرق متخذة من مدينة القسطنطينية عاصمة لها

سنة ٤٩٦ - التاريخ المحتمل لمعمودية كلوفيس (٤٦٦-٥١١) ملك الإفرنج ومؤسس الدولة

mérovingienne.

590-604 — Pontificat de Grégoire le Grand.

620-639 — Dagobert 1er, roi des Mérovingiens.

622 — L'Hégire. Mahomet (Muhammad b. Abdullah, né vers 570) et ses fidèles quittent La Mecque hostile pour s'établir à Médine (Yathrib).

630 — A l'issue de huit ans d'hostilités avec la tribu de Quraysh, entrée victorieuse de Mahomet à la Mecque.

632 (8 juin) — Mort de Mahomet à Médine (63 ans). Son mausolée se trouve à Médine. Abû Bakr lui succède comme calife.

634 — Début des conquêtes musulmanes (Irak du Sud en 634, Damas en 635, Alexandrie en 642, Chypre en 651, Rhodes en 654...).

634-644 — Califat de ʿUmar b. al-Khattâb.

636 — Victoire arabe sur les Byzantins à al-Yarmûk (Palestine). / Victoire arabe sur les Sassanides à al-Qâdisiyya (Irak).

638 — Fondation de Basra et de Kûfa, futures grandes agglomérations

الميروفنجية في مدينة رامس على يد القديس ريمي

من سنة ٥٩٠ إلى سنة ٦٠٤ - ولاية البابا غريغوار الأعظم

من سنة ٦٢٠ إلى سنة ٦٣٩ - عهد الملك داغوبير الأول ملك الميروفنجيين

سنة ٦٢٢ - هجرة النبي محمد (محمد بن عبد الله - ولد حوالي سنة ٥٧٠) وأصحابه من مدينة مكة حيث كثر أعداؤهم إلى مدينة يثرب (المدينة) حيث استقروا وبدأوا الدعوة إلى الدين الجديد

سنة ٦٣٠ - النبي محمد يدخل منتصراً إلى مكة بعد عداء دامَ ثماني سنوات مع قبيلته قريش التي كانت ترفض الدعوة إلى دين جديد

سنة ٦٣٢ (٦ حزيران) - وفاة النبي محمد في المدينة عن ثلاثة وستين عاماً / ضريحه قائم إلى الآن في المدينة / وقد خلفه أبو بكر في الحكم مدة سنتين وواجه بالقوة الردة التي انتشرت في الجزيرة العربية

سنة ٦٣٤ - بداية الفتوحات الإسلامية في جنوب العراق سنة ٦٣٤ وفي دمشق سنة ٦٣٥ وفي القدس سنة ٦٣٥ وفي الإسكندرية في مصر سنة ٦٤٢ وفي جزيرة قبرص سنة ٦٥١ وفي جزيرة رودس سنة ٦٥٤

من سنة ٦٣٤ إلى سنة ٦٤٤ - خلافة عمر بن الخطاب الذي عينه أبو بكر خليفة له قبل وفاته

سنة ٦٣٦ - انتصار المسلمين العرب على البيزنطيين في معركة اليرموك بفلسطين / انتصار العرب على الفرس الساسانيين في معركة القادسية في العراق

سنة ٦٣٨ - تأسيس مدينتي البصرة والكوفة اللتين كانتا بمثابة معسكرين للجيوش ثم أصبحتا فيما

musulmanes d'Irak.

بعد من أكبر المدن في العراق

639-751 — Rois fainéants et maires du palais (époque mérovingienne).

من سنة ٦٣٩ إلى سنة ٧٥١ - عهد الملوك الكسالى وأصحاب القصر أثناء العهد الميروفنجي في فرنسا

642 — Conquête de l'Egypte et fondation d'al-Fustât.

سنة ٦٤٢ - فتح مصر بقيادة عمرو بن العاص وتأسيس مدينة الفسطاط

644 — Assassinat de ᶜUmar et avènement de ᶜUthmân.

سنة ٦٤٤ - اغتيال الخليفة عمر بن الخطاب في مسجد المدينة وبداية خلافة عثمان بن عفان

647 — Premiers raids musulmans en Afrique du Nord.

سنة ٦٤٧ - أول الهجمات التي قام بها المسلمون على شمال إفريقيا

V. 650 — Etablissement de la vulgate coranique, durant le califat de ᶜUthmân, puis envoi de copies aux provinces.

ح سنة ٦٥٠ - وضع مصحف عثمان الذي أمر بجمع الآيات وترتيبها واستنساخ الكتاب وإرساله إلى كل أنحاء الدولة

651 — Achèvement de l'occupation de la Perse. Mort du dernier empereur sassanide, Khosro III.

سنة ٦٥١ - استتمام فتح بلاد فارس ووفاة آخر أباطرتها وهو كسرى يزدجرد الثالث بعد حكم دام ١٩ سنة

656 — Crise politique. ᶜUthman est assassiné et Ali est proclamé calife. Le gouverneur de la Syrie, Muᶜâwiya, cousin du défunt, rejette la nomination de Ali. La crise est ouverte. Ali transfère sa capitale à Kûfa, en Irak, et fait face à de multiples rébellions.

سنة ٦٥٦ - أزمة سياسية مفتوحة في المدينة بسبب بعض القرارات التي اتخذها عثمان والتي اعتبرها معارضوه غير عادلة وكلها تخدم مصالح أقاربه الأمويين . وبعد اغتيال عثمان في داره انتخب الثوار علي بن أبي طالب خليفة إلا أن معاوية حاكم الشام وابن عم عثمان رفض مبايعة علي . وبعدها نقل علي العاصمة من المدينة إلى الكوفة في العراق

657 — Bataille de Siffîn entre Ali et Muawiya. Issue indécise et scission dans le camp du calife. Naissance des mouvements kharijites, longtemps combattus par le pouvoir.

سنة ٦٥٧ - معركة صفين بين علي بن أبي طالب ومعاوية بن أبي سفيان والتي انتهت بالتحكيم وانقسام جيش علي بين موافق على وقف القتال ورافض له ومن هؤلاء ظهر الخوارج الذين تعددت فرقهم وقاتلوا الخلفاء مدة طويلة فيما بعد

661 — Assassinat de Ali (63 ans) par un kharjite. Muawiya s'impose comme calife. Damas devient capitale de l'empire. Relance des conquêtes. Le mausolée d'Ali se trouve à Najaf (Irak).

سنة ٦٦١ - اغتيال علي بن أبي طالب وعمره ثلاثة وستون عاماً في الكوفة على يد الخارجي عبد الرحمن بن ملجم وضريحه قائم إلى الآن في مدينة النجف في العراق / عندها يفرض معاوية بن أبي سفيان نفسه كخليفة وتصبح دمشق عاصمة الدولة

670 — Fondation de Kairouan.

سنة ٦٧٠ - تأسيس مدينة القيروان

680 — Mort de Muawiya (78 ans), auquel succède son fils Yazïd. Crise politique et révoltes anti-umayyades à La Mecque et en Irak. Mort violente à Karbalâ' (Irak) d'al-Husayn b. Ali (54 ans), fils du 4ème calife et petit-fils de Mahomet. Son mausolée se trouve à Karbalâ' (Irak).

سنة ٦٨٠ - وفاة معاوية بن أبي سفيان وعمره ثمانية وسبعون عاماً وقد خلفه ابنه يزيد فتعددت الثورات في عهده القصير وخاصة دعوة أهل الكوفة للحسين بن علي (٥٤ عاماً) ابن الخليفة الرابع وحفيد النبي محمد من بنته فاطمة ثم خذلانهم له ومقتله على يد القوات الأموية وكان لمقتله في كربلاء في العراق حيث يوجد ضريحه لحد الآن أثر عظيم يمتد إلى عصرنا هذا

683 — Divisions de la famille umayyade à la mort de Yazîd Ier. Avènement du premier calife marwânide: Marwân b. al-Hakam, dont le califat était aussi bref qu'agité.

سنة ٦٨٣ - انقسام شديد عند الأمويين بين آل سفيان وآل مروان إثر وفاة يزيد بن معاوية يؤدي إلى انتقال الخلافة إلى مروان بن الحكم وهو أول الخلفاء المروانيين وكانت خلافته قصيرة انشغل فيها بمواجهة الثورات من كل جانب

685 — Mort de Marwân Ier (62 ans) et avènement de son fils Abdulmalik. Durant son règne l'arabe s'impose comme langue de chancellerie. Premiers dinars d'or arabes.

سنة ٦٨٥ - وفاة مروان بن الحكم عن اثنين وستين عاماً وبداية خلافة ابنه عبد الملك التي تميزت بانتشار اللغة العربية كلغة للديوان ولإدارة شؤون الدولة وبظهور أول الدنانير الذهبية وبعضها كان يحمل صورة للخليفة وكتابة عربية

700 — Fondation par al-Hajjâj, gouverneur umayyade d'Irak, de la ville de Wâsit, à mi-distance entre Kûfa et Basra.

سنة ٧٠٠ - الحجاج بن يوسف الثقفي والي الأمويين على العراق يؤسس مدينة واسط على مسافة واحدة بين الكوفة والبصرة على نهر دجلة وموقعها اليوم بين مدينتي الكوت والعمارة الحاليتين

705 — Mort de Abdulmalik (59 ans) et avènement de son fils al-Walîd. Début des

سنة ٧٠٥ - وفاة الخليفة الأموي عبد الملك بن مروان (عاش ٥٩ عاماً) وتولي ابنه الوليد الخلافة من

travaux sur le site de la Grande Mosquée de Damas, 2ème grand chantier après celui du Dôme du Rocher (Jérusalem, 692). D'autres mosquées seront bientôt construites à Jérusalem, Médine...

710 — Achèvement de l'occupation musulmane de l'Afrique du Nord.

711 — Les musulmans contrôlent le Sind et entrent en Espagne.

715 — Mort d'al-Walîd (47 ans) et avènement de son frère Sulayman b. Abdulmalik.

717 — Siège de Constantinople par les musulmans. / Mort de Sulaymân b. Abdulmalik (43 ans) à Ramla et avènement de son cousin ʿUmar b. Abdulaziz qui ne tarde pas à faire réformer le système fiscal.

719 — Achèvement de la conquête de l'Espagne par les musulmans. Fin du royaume wisigothique, avec la chute de Tolède.

v. 720 — Les musulmans pénètrent en Gaule narbonnaise. Occupation du Languedoc et de la Vallée de la Garonne. / Mort de Umar b. Abdulaziz (39 ans) et avènement de son cousin Yazîd b. Abdulamalik.

724 — Mort de Yazîd b. Abdulmalik (37

بعده / البدء في أعمال عمرانية في الجامع الأموي في دمشق وهو ثاني الأعمال الكبرى التي تجري في تلك الفترة بعد قبة الصخرة في القدس والتي تم تشييدها سنة ٦٩٢ إضافة إلى مساجد أخرى شيدت في القدس والمدينة وغيرهما

سنة ٧١٠ - استتمام فتح منطقة شمال إفريقيا على يد القوات الإسلامية

سنة ٧١١ - القوات الإسلامية تدخل بلاد السند شرقاً وتعبر البحر إلى إسبانيا غرباً

سنة ٧١٥ - وفاة الخليفة الأموي الوليد بن عبد الملك (عاش ٤٧ عاماً) وتولي أخيه سليمان الخلافة من بعده وبوادر خلافات عدة بين الخليفة وإخوته

سنة ٧١٧ - سفن الأسطول الأموي تحاصر القسطنطينية / وفاة الخليفة الأموي سليمان بن عبد الملك في مدينة الرملة بفلسطين (عاش ٤٣ عاماً) وتولي ابن عمه عمر بن عبد العزيز الخلافة من بعده / إصلاح نظام الخراج وتوتر في السلطة بين الخليفة وبعض الولاة

سنة ٧١٩ - استتمام فتح الأندلس على يد المسلمين ونهاية الحكم الغوطي الغربي بسقوط آخر ملوكهم لذريق الذي كان يحكم إسبانيا من عاصمته طليطلة

ح سنة ٧٢٠ - المسلمون يتوغلون في جنوب فرنسا ويحتلون مناطق شاسعة تصل إلى ضفاف نهر الغارون / وفاة الخليفة الأموي عمر بن عبد العزيز وعمره لا يتجاوز التاسعة والثلاثين وتولي يزيد بن عبد الملك الخلافة من بعده وهو الابن الثالث لعبد الملك بن مروان

سنة ٧٢٤ - وفاة الخليفة الأموي يزيد بن عبد الملك

ans) et avènement de son frère Hishâm. Durant son règne de 19 ans, construction de plusieurs monuments prestigieux à caractère économique (parfois aussi cérémonial) sur les grandes artères commerciales de l'ensemble syro-mésopotamien (al-Hayr Est et Ouest, Qasr al-Minya, Jabal Says…).

725 — Pillage d'Autun (Bourgogne) par les musulmans.

728 — L'Iconoclasme à Byzance. A la même époque, débat chez les musulmans sur la licéité des images.

732 — Bataille dite de Poitiers et début du départ progressif des musulmans de la Gaule.

736 — Défaite musulmane en Chine.

740 — Révolte kharijite en Afrique du Nord. Début du mouvement zaydite.

743 — Mort de Hishâm (52 ans). Trois califes se succèdent en peu de temps. Crise ouverte.

744 — Avènement de Marwan, gouverneur d'al-Jazîra qui marche sur Damas et dépose le calife en titre. Durant son règne se développe le mouvement qui aboutit à l'avènement des Abbassides, qui transfèrent la capitale en Irak.

وعمره لا يتجاوز السابعة والثلاثين وتولي أخيه هشام الخلافة من بعده وتتميز خلافة هشام بن عبد الملك بامتدادها ١٩ سنة تخللها تشييد العديد من القصور في بلاد الشام والجزيرة كان لبعضها دور اقتصادي كمراحل هامة على الطرق التجارية الكبرى مثل قصور الحير الشرقي والحير الغربي وقصر المنية وجبل سيس وكان أكثرها مزيناً بصور فنية عالية المستوى

سنة ٧٢٥ - نهب مدينة أوتان في منطقة برغندي في غزوة للمسلمين عليها

سنة ٧٢٨ - انطلاق فتنة تحريم الصور أو الإيقونات عند البيزنطيين وفي الفترة ذاتها تظهر بوادر الجدل عند المسلمين حول هذا الموضوع

سنة ٧٣٢ - المعركة المسماة بمعركة بواتييه وقد ادعى شارل مارتل الانتصار فيها على المسلمين وطردهم من بلاد الغال

سنة ٧٣٦ - هزيمة المسلمين في الصين

سنة ٧٤٠ - ثورة الخوارج في شمال إفريقيا / بداية الحركة الزيدية

سنة ٧٤٣ - وفاة الخليفة الأموي هشام بن عبد الملك (عاش ٥٢ عاماً) وثلاثة خلفاء يتتابعون من بعده في عدة أشهر وسط أزمة سياسية حادة

سنة ٧٤٤ - تولي والي الجزيرة مروان بن محمد الخلافة بالقوة بعد قتله الخليفة إبراهيم / خلال حكمه الذي دام ست سنين تطورت الدعوة العباسية في أجواء عامة متدهورة ومتوترة تعددت فيها الحركات السياسية المعادية للأمويين وخاصة بين العلويين والعباسيين والخوارج

747 — Les Kharijites occupent La Mecque.

750 — Chute de la dynastie umayyade et avènement des Abbassides. L'Irak devient le centre de l'empire. Le premier calife abbasside, as-Saffâh (23 ans), s'installe provisoirement à Kûfa. La famille Umayyade est décimée par le nouveau gouverneur de la province de Syrie qui est l'oncle du nouveau calife.

751 — Pépin le Bref devient roi des Francs : la dynastie carolingienne est fondée.

752 — Les musulmans chassés d'Aquitaine par Pépin le Bref.

754 — Mort d'as-Saffâh (27 ans) et avènement du deuxième calife abbasside, Abû Jaafar al-Mansûr, futur fondateur de Bagdad (762) et architecte d'une administration fortement centralisée. Etablissement de relais postaux de grande efficacité.

756 — Seul survivant de la dynastie Umayyade, Abdurrahmân I entre en Espagne pour y fonder un émirat indépendant.

759 — Les musulmans chassés de Narbonne par Pépin le Bref.

762 — Fondation sur le Tigre de la ville

سنة ٧٤٧ - الخوارج يحتلون مدينة مكة وقوات الخليفة الأموي عاجزة عن قمع الثورات في الأنحاء

سنة ٧٥٠ - سقوط الدولة الأموية وبداية الدولة العباسية / مركز الدولة ينتقل من الشام إلى العراق / أول الخلفاء العباسيين أبو العباس السفاح وعمره آنذاك ٢٣ سنة يجعل من مدينة الكوفة عاصمة للدولة الجديدة / الوالي العباسي في الجزيرة أي ما بين دجلة والفرات يقيم وليمة مصالحة لأبناء آل أمية ويأمر بقتلهم جميعاً والوالي هو عبد الله بن علي وهو عم الخليفة

سنة ٧٥١ - بيبان لوبريف ابن شارل مارتل يصبح ملكاً وصعوده على العرش يعني بداية الدولة الكارولنجية التي ظلت في الحكم أكثر من قرنين

سنة ٧٥٢ - الملك بيبان لوبريف يطرد المسلمين من منطقة آكيتين

سنة ٧٥٤ - وفاة الخليفة العباسي السفاح وعمره لا يتجاوز السابعة والعشرين / أبو جعفر المنصور يتولى الخلافة وهو ابن عم السفاح وهو الذي أسس فيما بعد مدينة بغداد سنة ٧٦٢ ليجعلها عاصمة للدولة كما أنه أقام إدارة متطورة للدولة وخاصة بفضل نظام جديد للبريد وفرض حكماً مركزياً قوياً وشجع وضع الأسس للإسلام الرسمي السني

سنة ٧٥٦ - الأموي الوحيد الذي نجا من المذبحة في الجزيرة يدخل الأندلس ويؤسس إمارة في قرطبة ويسمي نفسه بعبد الرحمن الداخل ويدوم حكمه فيها حتى وفاته في قرطبة سنة ٧٨٨ وعمره ٥٧ عاماً

سنة ٧٥٩ - بيبان لوبريف يطرد المسلمين من مدينة عربونة في جنوب فرنسا الحالية

سنة ٧٦٢ - تأسيس مدينة بغداد على نهر دجلة

de Bagdad qui devient capitale abbasside.

لتصبح عاصمة للدولة العباسية

765 — Mort de Ja^cfar as-Sâdiq (65 ans), figure emblématique de la doctrine juridique chez les chiites duodécimains.

سنة ٧٦٥ - وفاة جعفر الصادق (عاش ٦٥ عاماً) مؤسس المذهب الجعفري وهو الإمام السادس عند الشيعة الاثناعشرية

767 — Mort du juriste Abû Hanîfa (68 ans), surnommé "Grand Imâm", fondateur du hanafisme (sunnisme).

سنة ٧٦٧ - وفاة الفقيه أبي حنيفة بن النعمان (٦٨ عاماً) الملقب بالإمام الأعظم وهو مؤسس المذهب الحنفي (السنة)

775 — Mort d'al-Mansûr et avènement de son fils al-Mahdi.

سنة ٧٧٥ - وفاة الخليفة العباسي المنصور (عاش ٦٣ عاماً) وتولي ابنه المهدي الخلافة من بعده

786 — Révolte hâshimite à Médine. Hârûn ar-Rashid accède au califat après la mort prématurée de son frère al-Hâdî (21 ans).

سنة ٧٨٦ - تـمرد هاشمي في المدينة على السلطة العباسية / هـٰرون الرشيد يتولى الخلافة بعد وفاة أخيه عيسى الهادي الذي مات مسموماً على ما يبدو وعمره ٢١ عاماً أثناء رحلة له في خراسان

788 — Idris I maître du Maroc.

سنة ٧٨٨ - إدريس الأول يتولى السلطة في المغرب

795 — Mort du juriste Mâlik b. Anas (84 ans), fondateur du mâlikisme (sunnisme).

سنة ٧٩٥ - وفاة الفقيه مالك بن أنس (عاش ٨٤ عاماً) وهو مؤسس المذهب المالكي (السنة) المنتشر حالياً في شمال إفريقيا

800 — Fondation de la ville de Fès. / Les Aghlabides de Kairouan déclarent leur autonomie. / Couronnement de l'empereur Charlemagne et Aix-la-Chapelle devient capitale de l'empire.

سنة ٨٠٠ - تأسيس مدينة فاس قرب آثار مدينة رومانية قديمة / الأغالبة يعلنون في القيروان استقلالهم عن سلطة الخليفة العباسي / تتويج شارلمان إمبراطوراً لأوربا الغربية واختياره مدينة أكس لاشابيل (آخن الحالية) عاصمة للإمبراطورية

IXème siècle — Diffusion de l'alphabet cyrillique.

القرن التاسع - انتشار الأبجدية السيريلية في مناطق واسعة من أوربا الشرقية وروسيا

801 — Mort de Sîbawayhi (31 ans), auteur d'un célèbre traité de la grammaire arabe. Son mausolée se trouve à Chiraz

سنة ٨٠١ - وفاة سيبويه عن عمر لا يتجاوز الواحد والثلاثين عاماً وهو صاحب الكتاب الشهير في النحو العربي وكان من أصل فارسي وتتلمذ على الخليل بن

(Iran).

أحمد الفراهيدي ومرقده ما زال قائـماً في مدينة شيراز الإيرانية

803 — Disgrâce soudaine des Barmakides, un des plus grands mystères de l'histoire arabo-musulmane : le vizir Ja^cfar est décapité et son frère Yahyâ jeté en prison.

سنة ٨٠٣ - نكبة البرامكة وهي النقمة المفاجئة للخليفة هرون الرشيد على وزيره جعفر البرمكي وأخيه يحيى إذ أمر بقتل الأول وسجن الثاني ومصادرة أموالهم كلها

806 — Première attaque musulmane en Corse.

سنة ٨٠٦ - أول غزوة للمسلمين القادمين من شمال إفريقيا على جزيرة كورسيكا

809 — Mort de Hârûn ar-Rashîd à 42 ans et avènement de son fils cadet Muhammad al-Amîn., premier successeur désigné, avant le fils aîné ^cAbdullâh.

سنة ٨٠٩ - وفاة الخليفة العباسي هرون الرشيد وعمره ٤٢ عاماً وانتقال الخلافة من بعده إلى ابنه الثاني محمد الأمين على أن يكون ابنه الأكبر عبد الله خليفة من بعد أخيه

810 — Les Tâhirides s'imposent au Khurâsân et soutiennent al-Ma'mûn, fils aîné de Hârûn ar-Rashîd, qui revendiquait le califat.

سنة ٨١٠ - آل طاهر يستولون على الأمور في خراسان ويدعمون المأمون في مطالبته بالخلافة بدلاً من أخيه الأمين وكان المأمون قد استقر في مدينة مرو واتخذها عاصمة له وللخلافة

813 — Avènement d'al-Ma'mûn après la mort d'al-Amîn (27 ans), tué à Bagdad par les troupes tâhirides. Le nouveau calife établit sa capitale à Marw jusqu'en 817 avant de revenir à Bagdad.

سنة ٨١٣ - بداية خلافة المأمون بعد مقتل الأمين (عاش ٢٧ عاماً) ببغداد على يد عساكر الطاهر بن حسين / الخليفة المأمون يقيم عاصمته في مرو أربع سنين ثم ينتقل إلى بغداد ويجعلها عاصمة الدولة من جديد ويبقى فيها حتى وفاته سنة ٨٣٣

814 — Mort de Charlemagne (63 ans).

سنة ٨١٤ - وفاة شارلمان (عاش ٦٣ عاماً)

v. 815 — Mort du poète Abû Nuwâs à Bagdad. Poète bachique, irrévérentieux, moderniste, aux moeurs libres.

ح سنة ٨١٥ - وفاة الشاعر أبو نواس في بغداد وهو شاعر الخمريات والحداثة وقد انتقد الشعراء القدامى وسخر منهم وسخر من المبالغين في التدين

820 — Mort du juriste ash-Shâfi^ci (54 ans), fondateur du shâfi^cisme (sunnisme), présent surtout en Egypte.

سنة ٨٢٠ - وفاة الفقيه الشافعي (عاش ٥٤ عاماً) وهو مؤسس المذهب الشافعي (السنة) المنتشر حالياً في مصر

827 — Les musulmans commencent leur conquête de la Sicile.	سنة ٨٢٧ - بداية الفتح الإسلامي لجزيرة صقلية على يد قوات الأغالبة المقيمين في القيروان
832 — Le calife al-Ma'mûn charge Hunayn b. Ishâq de traduire le traité de Galien. Sous le règne de ce calife, nouvel essor des traductions du grec et du syriaque vers l'arabe, recueillies à Bayt al-Hikma.	سنة ٨٣٢ - الخليفة المأمون يطلب من حنين بن إسحق ترجمة كتاب جالينوس في الطب وقد كانت خلافة المأمون (٨١٣-٨٣٣) فترة ازدهار جديد في أعمال الترجمة من الإغريقية والسريانية إلى العربية وذلك ضمن نشاطات لم تنقطع منذ خلافة هرون الرشيد في بيت الحكمة في العاصمة العباسية بغداد
833 — Mort d'al-Ma'mûn (47 ans) et avènement d'al-Mu'tasim. Durant son règne, une inquisition (la Mihna) est exercée à l'encontre des juristes, invités à approuver la doctrine muʿtazilite.	سنة ٨٣٣ - وفاة المأمون (عاش ٤٧ عاماً) وتولي المعتصم الخلافة من بعده وقد تميزت خلافة المأمون بالتوتر الشديد بين الخليفة والفقهاء وذلك بسبب ميل المأمون إلى فقه المعتزلة ورغبته في فرض مفاهيمهم على الفقهاء بالقوة
836 — Fondation au nord de Bagdad de la ville de Samarra, nouvelle capitale du pouvoir abbasside.	سنة ٨٣٦ - تأسيس مدينة سامراء على نهر دجلة إلى الشمال من بغداد لتصبح عاصمة للدولة العباسية بدلاً من بغداد وانتقال العسكر والإدارة إليها
842 — Serment de Strasbourg et Traité de Verdun qui mit un terme au conflit entre les fils de Louis le Pieux.	سنة ٨٤٢ - قسم ستراسبورج (تحالف لويس وشارل أبناء لويس الورع ابن شارلمان ضد أخيهما لوتر) / معاهدة فردان التي أنهت الخلافات
843 — Partage de l'Empire d'Occident.	سنة ٨٤٣ - تقسيم الإمبراطورية الغربية
846 — Expédition musulmane contre Rome.	سنة ٨٤٦ - غزوة للمسلمين على مدينة روما ونهب بعض الكنائس فيها
847-861 — Califat d'al-Mutawakkil. Disgrâce des Mutazilites.	من سنة ٨٤٧ إلى سنة ٨٦١ - خلافة المتوكل الذي أعلن تخليه عن معتقدات المعتزلة
855 — Mort de Ahmad b. Hanbal (75 ans), fondateur du hanbalisme (sunnisme).	سنة ٨٥٥ - وفاة أحمد بن حنبل (عاش ٧٥ عاماً) وهو مؤسس المذهب الحنبلي (السنة) الذي انتشر بعض الوقت عند الأتراك ثم تراجع

861 — Assassinat d'al-Mutawakkil (42 ans) et déclin du califat de Samarra.

سنة ٨٦١ - اغتيال الخليفة المتوكل (عاش ٤٢ عاماً) وبداية تدهور الخلافة في سامراء

868 — Mort d'al-Jâhiz (env. 95 ans), un des auteurs les plus importants de la littérature classique. Il était l'auteur du *Livre des avares*, entre autres.

سنة ٨٦٨ - وفاة الجاحظ وهو في الخامسة والتسعين من عمره وكان واحداً من أعظم الأدباء العرب القدامى وهو صاحب «البيان والتبيين» و«البخلاء» و«الحيوان» وعدد كبير من الرسائل

869 — Début de la révolte des Zanj.

سنة ٨٦٩ - بداية ثورة الزنج في جنوب العراق

v. 870 — Début de la propagande ismaélienne.

ح سنة ٨٧٠ - بداية الدعوة الإسماعيلية التي تشعبت فيما بعد إلى عدة فرق

871 — Chute de l'émirat de Bari (Italie) fondé en 825 ou 847

سنة ٨٧١ - سقوط إمارة باري (في إيطاليا الحالية) وكانت قد تأسست سنة ٨٢٥ أو سنة ٨٤٧

872 — Gouverneur abbasside d'Egypte, Ibn Tûlûn proclame son indépendance.

سنة ٨٧٢ - ابن طولون الوالي العباسي على مصر يعلن استقلاله عن الخليفة العباسي

874 — Disparition du XIIème et dernier imam chez les chiites duodécimains, qui croient en son retour.

سنة ٨٧٤ - غيبة الإمام الثاني عشر للشيعة الاثناعشرية في مدينة سامراء وهو في الرابعة من عمره والشيعة يؤمنون بعودته لإنقاذ العالم

878 — Achèvement de l'occupation musulmane de la Sicile.

سنة ٨٧٨ - استتمام الاحتلال الإسلامي لجزيرة صقلية والذي بدأ قبل خمسين عاماً

886 — Siège de Paris par les Normands.

سنة ٨٨٦ - النورمانديون يحاصرون مدينة باريس

892 — Abandon officiel de Samarra comme capitale et retour du califat à Bagdad.

سنة ٨٩٢ - عودة الخلافة رسمياً إلى بغداد وتركها مدينة سامراء التي بقيت عاصمة الدولة فعلياً حوالي ثلاثين سنة ورسمياً حوالي ستين سنة

894 — Etablissement du pouvoir qarmate au Bahrayn.

سنة ٨٩٤ - بداية دولة القرامطة في البحرين كدولة مستقلة عن السلطة العباسية

900 — Proclamation de l'imamat zaydite au Yémen.

سنة ٩٠٠ - بداية الدولة الزيدية في اليمن كدولة مستقلة عن السلطة العباسية

909 — Avènement des Fâtimides en Ifriqiya (Tunisie) — ils revendiquent le califat.

سنة ٩٠٩ - بداية سلطة الفاطميين في إفريقيا (تونس الحالية) على يد عبيد الله المهدي بالله ومطالبتهم بالخلافة وعاصمتهم في مدينة المهدية

911 — Date présumée de la mort d'Ibn ar-Râwandî (84 ans), auteur de nombreux ouvrages, perdus, dans lesquels il exprimait son scepticisme, voire son athéisme.

سنة ٩١١ - التاريخ المحتمل لوفاة ابن الراوندي الذي عرف بشكه في الله وانتقاده لمختلف الأديان والمذاهب بعد أن اعتنقها الواحد بعد الآخر وكتبه مفقودة ولكن أجزاء منها موجودة في كتب من رد عليه وانتقده مثل الخياط وابن خلكان

912 — Avènement de Abdurrahmân III, dit an-Nâsir, à Cordoue qui se déclare calife en 929.

سنة ٩١٢ - تولي عبد الرحمن الثالث المسمى بالناصر الإمارة في قرطبة والذي ادعى الخلافة لنفسه سنة ٩٢٩

913 — Extension de la révolte qarmate.

سنة ٩١٣ - توسع ثورة القرامطة

922 — Exécution d'al-Hallâj (64 ans), crucifié à Bagdad.

سنة ٩٢٢ - صلب الصوفي الشهير الحلاج (عاش ٦٤ عاماً) في بغداد بعد محاكمة شهيرة

923 — Mort à Bagdad du célèbre chroniqueur, exégète et juriste al-Tabari (84 ans).

سنة ٩٢٣ - وفاة المؤرخ المفسر الفقيه الطبري في بغداد عن عمر ناهز الرابعة والثمانين وهو صاحب الحوليات الشهيرة وتفسير معروف للقرآن

925 — Mort de Rhazès (60 ans), philosophe, alchimiste et médecin perse, connu pour sa liberté de pensée à l'égard de la religion.

سنة ٩٢٥ - وفاة الرازي (٦٠ سنة) وهو عالم فارسي كيمياوي وطبيب وفيلسوف وهو مؤلف موسوعة «الحاوي في الطب» وقد عرف بحرية تفكيره مما جعل البعض ينتقدونه ويعتبرونه من الملاحدة

930 — Prise de La Mecque par les Qarmates.

سنة ٩٣٠ - القرامطة يستولون على مكة بعد ٣٦ سنة من قيام دولتهم في البحرين

934 — Attaque musulmane contre Gênes.

سنة ٩٣٤ - غزوة للمسلمين على مدنية جنوة الساحلية الإيطالية

935 — Gouvernement ikhshidide en Egypte.

سنة ٩٣٥ - الإخشيديون يستولون على السلطة في مصر بعد سقوط آخر أمير للدولة الطولونية

936 — Fondation de Madînat al-Zahrâ' près de Cordoue.

سنة ٩٣٦ - تأسيس مدينة الزهراء قرب مدينة قرطبة في الأندلس وبعض آثارها قائـمة إلى الآن

944 — Le Hamdanide Sayf ad-Dawla maître d'Alep.

سنة ٩٤٤ - سيف الدولة الحمداني يسيطر على حلب

945 — Entrée des Bouyides à Bagdad.

سنة ٩٤٥ - البويهيون يدخلون بغداد

950 — Mort d'al-Fârâbî (76 ans).

سنة ٩٥٠ - وفاة الفيلسوف الفارابي (عاش ٧٦ عاماً)

962 — Otton 1er empereur d'Occident, couronnement à Rome.

سنة ٩٦٢ - أوتون الأول يصبح إمبراطوراً لغرب أوربا وقد تم تتويجه في روما

965 — Mort du célèbre poète al-Mutanabbî (50 ans).

سنة ٩٦٥ - مقتل الشاعر الشهير المتنبي (عاش ٥٠ عاماً) على يد أحد خصومه قرب بغداد

968 — Décadence du califat de Cordoue. Les princes chrétiens chassent les musulmans des provinces de Léon, de Castille et d'Aragon.

سنة ٩٦٨ - انحطاط الخلافة في قرطبة / الأمراء المسيحيون يطردون المسلمين من أقاليم ليون وقشتالة وأراغون وهي بداية تراجع تدريجي للمسلمين في إسبانيا

969-1171 — Dynastie des Fatimides

من سنة ٩٦٩ إلى سنة ١١٧١ - الدولة الفاطمية

969 — Les Fâtimides maîtres d'Egypte. Fondation de la ville du Caire. Fondation d'al-Azhar.

سنة ٩٦٩ - الفاطميون يسيطرون على مصر / تأسيس مدينة القاهرة قرب مدينة الفسطاط وتأسيس الجامع الأزهر

972-1152 — Gouvernement ziride en Ifrîqiyâ.

من سنة ٩٧٢ إلى سنة ١١٥٢ - حكم بني زيري في إفريقيا (تونس الحالية)

976-1002 — Ibn Abî ʿÂmir homme fort à Cordoue.

من سنة ٩٧٦ إلى سنة ١٠٠٢ - هيمنة ابن أبي عامر على السلطة في قرطبة

v. 987 — Répertoire bibliographique de l'époque par Ibn an-Nadîm.

ح سنة ٩٨٧ - ابن النديم يضع كتاب الفهرست الذي ذكر فيه أهم الكتب الموجودة في مكتبة بغداد

987 — Le dernier roi carolingien Louis

سنة ٩٨٧ - وفاة لويس الخامس آخر الملوك

V meurt sans descendance. Hugues Capet lui succède et fonde la dynastie des Capétiens.

988 — Conquête fatimide de la Syrie.

992 — Premier traité de commerce entre Byzance et Venise.

XIème siècle — Les Normands en Italie du Sud et en Sicile.

1015-1152 — Pouvoir hammâdide en Algérie, dont la capitale était établie à Qalʿat Banî Hammâd.

1031 — Fin de la dynastie umayyade d'Espagne. Début du pouvoir des Reyes de Taifas.

1036-1147 — Dynastie almoravide.

1037 — Mort à Hamadan (Iran) du philosophe arabo-persan Avicenne (57 ans).

1041 — Première victoire des Saljûkides sur les Ghaznavides et début de l'expansion de leur pouvoir au Proche-Orient. / Le Ziride Ibn Bâdîs reconnaît le pouvoir du calife abbasside établi à Bagdad et adopte le malikisme.

1052 — Début de l'invasion hilalienne du Maghreb.

الكارولنجيين دون وريث / هوج كابيه يتولى الحكم ويؤسس السلالة الكابية وقد تم تتويجه في الثالث من تـمـوز / يوليو في مدينة نوايون

سنة ٩٨٨ - احتلال الفاطميين لسورية

سنة ٩٩٢ - أول معاهدة تجارية بين بيزنطة والبندقية (فينيسيا)

القرن الحادي عشر - النورمانديون يحتلون جنوب إيطاليا وجزيرة صقلية

من سنة ١٠١٥ إلى سنة ١١٥٢ - حكم بني حماد وهم فرع من الزيريين في الجزائر وعاصمتهم في قلعة بني حماد

سنة ١٠٣١ - سقوط الدولة الأموية في الأندلس وظهور سلطة ملوك الطوائف وفترة الانحطاط السياسي هذه رافقها ازدهار فني وثقافي

من سنة ١٠٣٦ إلى سنة ١١٤٧ - دولة المرابطين

سنة ١٠٣٧ - وفاة الفيلسوف والطبيب الفارسي الأصل ابن سينا في مدينة همدان (في إيران الحالية) عن عمر ناهز السابعة والخمسين

سنة ١٠٤١ - أول انتصار للأتراك السلاجقة على الدولة الغزنوية التي كانت تمتد حدودها إلى إيران الحالية وأفغانستان والباكستان / بداية توسع نفوذ السلاجقة في شرق آسيا / الزيري ابن باديس يعلن ولاءه للخليفة العباسي المقيم ببغداد ويتبنى المذهب المالكي ويبتعد عن نفوذ الفاطميين

سنة ١٠٥٢ - بداية الهجرة الهلالية من المشرق إلى شمال إفريقيا

1054 — Schisme d'Orient entre l'Eglise catholique romaine et le patriarcat de Constantinople.

1055 — Entrée des Saljûkides à Bagdad. Fin du pouvoir bouyide.

1057 — Mort d'Abu'l-ᶜalâ' al-Maᶜarrî (84 ans).

1059-1082 — Conquête almoravide d'une grande partie du Maghreb.

1060-1091 — Conquête de la Sicile par les Normands. Fin de la domination arabe sur l'île.

1066 — Conquête de l'Angleterre par Guillaume de Normandie.

1067 — Inauguration de la madrasa Nizâmiyya à Bagdad.

1070 — Fondation de Marrakech par les Almoravides.

1076 — Les Turcs maîtres de la Syrie et de la Palestine.

v. 1080 — Début des activités de la secte des « Assassins ».

1081 — Raid maritime des Génois et des Pisans contre le port tunisien d'al-Mahdiyya.

1084 — Les Amoravides maîtres du

سنة ١٠٥٤ - الانشقاق الشرقي بين الكنيسة الكاثوليكية الغربية (اللاتينية) والبطرياركية في القسطنطينية

سنة ١٠٥٥ - السلاجقة يدخلون بغداد ويضعون حداً للنفوذ البويهي

سنة ١٠٥٧ - وفاة الشاعر الفيلسوف أبي العلاء المعري «سجين المحبسين» (عاش ٨٤ عاماً)

من سنة ١٠٥٩ إلى سنة ١٠٨٢ - توسع نفوذ المرابطين واحتلالهم لشمال إفريقيا

من سنة ١٠٦٠ إلى سنة ١٠٩١ - النورمانديون يغزون صقلية ويحتلونها بالكامل ويضعون حداً للسلطة العربية القائمة فيها آنذاك

سنة ١٠٦٦ - النورماندي غليوم الفاتح يغزو إنجلترة ويفرض سيطرته عليها

سنة ١٠٦٧ - افتتاح المدرسة النظامية في بغداد وهي تنسب إلى الوزير السلجوقي نظام الملك

سنة ١٠٧٠ - تأسيس مدينة مراكش على يد المرابطي يوسف بن تاشفين لتكون عاصمة للدولة

سنة ١٠٧٦ - الأتراك يسيطرون على سورية وفلسطين اللتين كانتا تحت السيطرة الفاطمية

ح سنة ١٠٨٠ - بداية النشاط السياسي لفرقة الحشاشين الذين اعتمدوا الاغتيالات مبدأ لنشاطهم

سنة ١٠٨١ - غزوة بحرية على ميناء المهدية التونسي تقوم بها قوات مشتركة من جنوة وبيزة (إيطاليا)

سنة ١٠٨٤ - المرابطون يسيطرون على المغرب

Maroc et de l'Ouest algérien.

1085 — Les Normands s'emparent de Syracuse. / Alphonse VI de Castille occupe Tolède.

1086 — Les Almoravides en Espagne.

1087 — Mort de Guillaume le Conquérant (60 ans).

1088 — Fondation de l'Université de Bologne (Italie).

1090 — Les Normands occupent Malte.

1092 — Assassinat de Nizâm al-Mulk (74 ans) par les Assassins. Mort du sultan saljûkide Mâlik Shâh (37 ans).

1094 — Mort de Badr al-Jamâlî, vizir d'origine arménienne des Fatimides et constructeur des nouveaux remparts du Caire.

1095 — Appel à la croisade par le pape Urbain II. / Naissance du Portugal.

1098 — Les Fatimides à Jérusalem. Les Croisés s'emparent d'Antioche, qui se trouve dans la Turquie actuelle.

1099 — Prise de Jérusalem par les Croisés.

1106 — Mort de l'almoravide Ibn Tâshfîn.

والجزء الغربي من الجزائر

سنة ١٠٨٥ - النورمانديون يحتلون سرقوسة في جنوب شرق صقلية بينما يحتل ملك قشتالة ألفونسو السادس مدينة طليطلة في إسبانيا

سنة ١٠٨٦ - المرابطون يدخلون إسبانيا

سنة ١٠٨٧ - وفاة غليوم الفاتح ملك النورمانديين عن عمر يناهز الستين عاماً

سنة ١٠٨٨ - تأسيس جامعة بولونيا في شمال إيطاليا

سنة ١٠٩٠ - النورمانديون يحتلون جزيرة مالطة

سنة ١٠٩٢ - اغتيال الوزير السلجوقي نظام الملك (عاش ٧٤ عاماً) على يد فرقة الحشاشين ووفاة السلطان السلجوقي مالك شاه (عاش ٣٧ عاماً)

سنة ١٠٩٤ - وفاة وزير الفاطميين بدر الدين الجمالي الأرمني الأصل والذي ظل وزيراً قرابة عشرين سنة وهو الذي شيد الأسوار الجديدة في القاهرة خوفاً من هجوم السلاجقة عليها

سنة ١٠٩٥ - البابا أوربان الثاني يدعو إلى حملة صليبية باتجاه فلسطين / ولادة البرتغال

سنة ١٠٩٨ - الفاطميون يحتلون القدس / الصليبيون يدخلون أنطاكية (في منطقة الإسكندرونة الحالية في تركيا)

سنة ١٠٩٩ - الصليبيون يحتلون مدينة القدس ويطردون الفاطميين منها

سنة ١١٠٦ - وفاة زعيم المرابطين يوسف بن تاشفين متقدماً في السن وكان قد تلقب بـ «أمير المسلمين»

1111 — Mort d'al-Ghazâlî (53 ans) à Tûs (Iran), philosophe de formation puis juriste mystique, auteur d'une célèbre critique des philosophes.

1116-1240 — Nombreuses fortifications franques et musulmanes en Syrie et Palestine.

1118-1194 — Gouvernement saljûkide en Irak.

1121 — L'Almohade Ibn Tûmart se proclame « mahdî ».

1128 — Révolte almohade dans l'Atlas marocain. Mort d'Ibn Tûmart (48 ans).

1130-1269 — Dynastie almohade.

1131 — Mort à 83 ans du poète et mathématicien persan Omar Khayyam, auteur des célèbres Quatrains.

1137-1574 — Extension du pouvoir des Hafsides.

1141 — Traduction latine du Coran sous l'autorité de Pierre le Vénérable, abbé de Cluny.

1144 — Les Turcs d'Alep mettent fin à la principauté croisée d'Edesse.

1145 — Robert de Chester traduit l'Algèbre de Khuwarizmi. Essor de l'école des traducteurs de Tolède.

سنة ١١١١ - وفاة الغزالي في الثالثة والخمسين من عمره في مدينة طوس الإيرانية وهو مؤلف كتب كثيرة أحدها «تهافت الفلاسفة» والذي رد عليه ابن رشد بـ «تهافت التهافت»

من سنة ١١١٦ إلى سنة ١٢٤٠ - بناء العديد من الحصون والقلاع في فلسطين وسورية على يد المسلمين والإفرنج

من سنة ١١١٨ إلى سنة ١١٩٤ - السلطة السلجوقية تفرض نفسها على العراق بكامله

سنة ١١٢١ - ابن تومرت الموحد يعلن أنه المهدي ويبدأ الدعوة ضد حكم المرابطين

سنة ١١٢٨ - ثورة الموحدين في جبال الأطلس ضد دولة المرابطين ووفاة ابن تومرت (عاش ٤٨ عاماً)

من سنة ١١٣٠ إلى سنة ١٢٦٩ - دولة الموحدين

سنة ١١٣١ - وفاة الشاعر وعالم الرياضيات الفارسي عمر الخيام مؤلف الرباعيات الشهيرة عن عمر ناهز الثالثة والثمانين

من سنة ١١٣٧ إلى سنة ١٥٧٤ - دولة الحفصيين في تونس وشرق الجزائر

سنة ١١٤١ - ترجمة القرآن إلى اللغة اللاتينية تحت إشراف بطرس الورع كبير رهبان دير كلوني الذي كان قائماً في جنوب بورغندي

سنة ١١٤٤ - الأتراك المتواجدون في حلب يقضون على كونتية الرها الصليبية في شمال وادي الرافدين

سنة ١١٤٥ - روبرت دي تشستر الإنجليزي الذي تعلم العربية في إسبانيا يترجم كتاب الخوارزمي في الجبر إلى اللغة اللاتينية / ازدهار الترجمة من

Traductions d'œuvres arabes en latin.

1146 — Les Almohades s'emparent de Marrakech.

1147 — Les Almohades en Espagne.

1148 — Echec des Croisés de Louis VII devant Damas.

1153 — Al-Idrîsî fait une mappemonde pour Roger II de Sicile.

1154 — L'atabeg Nûr ad-Dîn Zengui s'empare de Damas.

1155 — Raid normand sur Alexandrie.

1157 — Les Almohades supplantent les Almoravides dans le sud de l'Espagne.

1163 — Début de la construction de la cathédrale de Notre-Dame de Paris. / Mort de l'almohade Abdulmu'min.

1165-1223 — Vie de Philippe Auguste, roi de France de 1180 à 1223.

1171 — Fin du califat fatimide d'Egypte. Les Ayyûbides dominent l'Egypte.

1173 — Les Ayyûbides occupent Aden.

1184 — Avènement d'Abû Yûsuf Ya'qûb al-Mansûr : apogée de l'Empire almohade, malgré les tentatives des

العربية إلى اللاتينية في مدينة طليطلة

سنة ١١٤٦ - الموحدون يحتلون مدينة مراكش ويقضون على حكم المرابطين

سنة ١١٤٧ - الموحدون يدخلون إسبانيا

سنة ١١٤٨ - الحملة الصليبية التي يقودها لويس السابع تفشل في دخول دمشق

سنة ١١٥٣ - الجغرافي الصقلي العربي الإدريسي يضع خريطة للعالم بطلب من ملك صقلية روجر الثاني

سنة ١١٥٤ - الأتابكي نور الدين زنكي يسيطر على مدينة دمشق

سنة ١١٥٥ - غزوة نورماندية على ميناء الإسكندرية

سنة ١١٥٧ - الموحدون يحلون محل المرابطين في جنوب إسبانيا

سنة ١١٦٣ - بداية تشييد كاتدرائية نوتردام في باريس والتي دام بناؤها ما يقرب من القرنين / وفاة أمير الموحدين عبد المؤمن (عاش ٦٩ عاماً)

من سنة ١١٦٥ إلى سنة ١٢٢٣ - حياة فيليب أوغست ملك فرنسا لمدة ٤٣ عاماً (عاش ٥٨ سنة)

سنة ١١٧١ - سقوط الخلافة الفاطمية بمصر وبداية الدولة الأيوبية وأول سلاطينها صلاح الدين الأيوبي الذي سرعان ما وجه جيوشه إلى سورية وفلسطين

سنة ١١٧٣ - الأيوبيون يحتلون عدن

سنة ١١٨٤ - بداية خلافة الموحد أبي يوسف يعقوب المنصور الذي تمثل خلافته العصر الذهبي لدولة الموحدين رغم محاولات بني غانية الصنهاجيين

Banû Ghâniya venus des Baléares pour restaurer le pouvoir almoravide.

القادمين من جزر الباليار إعادة سلطة المرابطين بالقيام بثورة واسعة دامت حوالي خمسين عاماً

1180-1225 — Califat d'an-Nâsir à Bagdad.

من سنة ١١٨٠ إلى سنة ١٢٢٥ - خلافة الخليفة العباسي الناصر لدين الله

1183 — L'Ayyûbide Saladin s'empare d'Alep.

سنة ١١٨٣ - صلاح الدين الأيوبي يستولي على مدينة حلب في شمال سورية

1187 — Après sa victoire à Hattîn, Saladin entre à Jérusalem sans avoir à combattre.

سنة ١١٨٧ - صلاح الدين يدخل مدينة القدس صلحاً بعد انتصاره في معركة حطين قرب بحيرة طبرية

1190 — Les Croisés de la 3ème Croisade (Barberousse, Philippe-Auguste et Richard Coeur de Lion) s'emparent de Chypre.

سنة ١١٩٠ - الصليبيون يحتلون جزيرة قبرص في الحملة الثالثة التي قادها الألماني باربروس والفرنسي فيليب أوغست والإنجليزي ريتشارد قلب الأسد ويحاولون النزول إلى الأراضي الفلسطينية

1191 — Les Croisés à Saint-Jean-d'Acre (Palestine).

سنة ١١٩١ - الصليبيون يحتلون مدينة عكا الفلسطينية الساحلية

1193 — Mort de Saladin (55 ans), à Damas.

سنة ١١٩٣ - وفاة صلاح الدين الأيوبي (عاش ٥٥ عاماً) في مدينة دمشق

1194-1220 — Incendie puis reconstruction de la cathédrale de Chartres ; grâce à une édification rapide et cohérente, le monument est considéré comme l'exemple parfait de l'art gothique.

من سنة ١١٩٤ إلى سنة ١٢٢٠ - إعادة بناء كاتدرائية شارتر بعد حريق أصابها وتعتبر هذه الكاتدرائية نموذجاً مثالياً للفن الغوطي لأنها شيدت في وقت قصير نسبياً جعلها متجانسة من الناحية الفنية بينما كانت أكثر الكاتدرائيات الأخرى تجمع أساليب فنية متتالية لطول مدة تشييدها

1195 — Victoire almohade à Alarcos (Espagne).

سنة ١١٩٥ - انتصار جيوش الموحدين في معركة ألاركوس في إسبانيا

1198 — Mort à Marrakech d'Averroès (72 ans)

سنة ١١٩٨ - وفاة الفيلسوف والعالم القرطبي ابن رشد في مدينة مراكش (عاش ٧٢ عاماً)

1199 — Mort de Richard Cœur de Lion (42 ans).	سنة ١١٩٩ - وفاة ملك الإنجليز ريتشارد قلب الأسد وعمره اثنان وأربعون عاماً
1204 — Les Croisés s'emparent de Constantinople. Fondation de l'Empire latin de Constantinople. / Genghis-Khan maître de la Mongolie. / Mort de Moïse Maïmonide au Caire (66 ans).	سنة ١٢٠٤ - الصليبيون المشاركون في الحملة الرابعة يستولون على مدينة القسطنطينية ويؤسسون فيها إمبراطورية القسطنطينية اللاتينية / جنكيز خان يسيطر على منغوليا / وفاة الفيلسوف والطبيب القرطبي موسى ابن ميمون في القاهرة
1207 — Traité de commerce entre Venise et Alep.	سنة ١٢٠٧ - معاهدة تجارية بين مدينة حلب والبندقية (فينيسيا)
1209 — Reconstruction de la citadelle d'Alep.	سنة ١٢٠٩ - إعادة بناء قلعة حلب التي عانت من الحروب بين الأتراك والصليبيين
v. 1211 — Début de la construction de la cathédrale Notre-Dame de Reims.	ح سنة ١٢١١ - بداية تشييد كاتدرائية نوتردام في مدينة رامس
1212 — Défaite almohade en Espagne à Las Navas de Tolosa.	سنة ١٢١٢ - هزيمة الموحدين في إسبانيا في معركة لاس نافاس دي تولوزا
1215 — Concile de Latran. Triomphe de la théocratie pontificale. / La *Magna Carta* en Angleterre.	سنة ١٢١٥ - المجمع المسكوني في لاتران وهيمنة البابوية على السياسة الأوربية / الوثيقة العظمى والتي تحد شيئاً ما من سلطة ملك إنجلترة
1219-1221 — Occupation de Damiette (Egypte) par les Croisés de Jean de Brienne.	من سنة ١٢١٩ إلى سنة ١٢٢١ - الصليبيون المشاركون في الحملة الرابعة وعلى رأسهم جان دي بريان يحتلون مدينة دمياط في مصر
1220 — Frédéric II empereur et roi de Sicile.	سنة ١٢٢٠ - فردريك الثاني يصبح إمبراطوراً لأوربا وملكاً لصقلية
1226-1270 — Règne de Louis IX (Saint Louis).	من سنة ١٢٢٦ إلى سنة ١٢٧٠ - عهد لويس التاسع (القديس لويس)
1227 — Mort de Genghis-Khan (env.	سنة ١٢٢٧ - وفاة جنكيز خان عن عمر يقارب

72 ans).

الثانية والسبعين

1229 — Traité de Jaffa entre Frédéric II et les musulmans. Les Hafsides de Tunisie rejettent la tutelle des Almohades.

سنة ١٢٢٩ - هدنة يافا بين فردريك الثاني والمسلمين / الحفصيون المتواجدون في تونس يرفضون الاعتراف بسلطة الموحدين

1230-1492 — Dynastie nasride à Grenade.

من سنة ١٢٣٠ إلى سنة ١٤٩٢ - دولة بني الأحمر في مدينة غرناطة وما حولها

1232 — Début de la construction du palais de l'Alhambra de Grenade.

سنة ١٢٣٢ - بداية تشييد قصر الحمراء في مدينة غرناطة عاصمة بني الأحمر

1234 — Inauguration de la madrasa al-Mustansiriyya de Bagdad.

سنة ١٢٣٤ - افتتاح مدرسة المستنصرية في مدينة بغداد والمبنى قائم لحد الآن

1236 — Chute de Cordoue aux mains des Rois catholiques, après cinq siècles de pouvoir musulman.

سنة ١٢٣٦ - سقوط قرطبة في قبضة الملوك الكاثوليكيين بعد أكثر من خمسة قرون من الحكم الإسلامي

1240 — Ferdinand III s'empare de la région de Murcie. / Les Mongols ravagent Kiev. / Mort du mystique soufi Ibn ᶜArabî à Damas (76 ans).

سنة ١٢٤٠ - فرديناندو الثالث يحتل إقليم مورسيا في جنوب شرق إسبانيا / المغول يدمرون مدينة كييف في القوقاز / وفاة العالم والشاعر الصوفي ابن عربي في دمشق (عاش ٧٦ عاماً) وكان أندلسي المولد

1245 — Concile de Lyon et déposition de l'empereur Frédéric II.

سنة ١٢٤٥ - المجمع المسكوني في ليون يقرر خلع الإمبراطور فريديريك الثاني

1248 — Séville aux mains des Castillans.

سنة ١٢٤٨ - مدينة إشبيلية في قبضة قوات قشتالة بزعامة فرديناندو الثالث

1249 — Septième Croisade. Prise de Damiette (Egypte), Louis IX prisonnier des Egyptiens.

سنة ١٢٤٩ - الحملة الصليبية السابعة والاستيلاء على مدينة دمياط المصرية ووقوع لويس التاسع في الأسر في قبضة المصريين

1250 — Les Mamelouks maîtres d'Egypte. / Mort de Frédéric II (56 ans).

سنة ١٢٥٠ - المماليك يصبحون سادة مصر / وفاة فريديريك الثاني (عاش ٥٦ عاماً)

1253 — Fondation du Collège de la Sorbonne à Paris.

سنة ١٢٥٣ - تأسيس كلية السوربون في مدينة باريس على يد القسيس روبير دي سوربون

1258 — Bagdad aux mains des Mongols. Reddition et mort du dernier calife abbasside, al-Mustaᶜsim (45 ans).

سنة ١٢٥٨ - سقوط بغداد في قبضة المغول بعد استسلام آخر الخلفاء العباسيين المستعصم بدين الله ومقتله في الخامسة والأربعين من عمره

1259 — Traité de Paris qui met fin au conflit entre rois de France (Capétiens) et rois d'Angleterre (Plantagenêts).

سنة ١٢٥٩ - معاهدة باريس التي تضع حداً للنزاع بين ملوك فرنسا وملوك إنجلترة على مناطق عدة من فرنسا الحالية والذي دام حوالي القرن

1260 — Victoire des Mamelouks sur les Mongols en Syrie. / Raid castillan sur Salé.

سنة ١٢٦٠ - انتصار المماليك على المغول في معركة عين جالوت في فلسطين شمال القدس وتوقف الزحف المغولي / غزوة للقشتاليين على مدينة سالة

1264-67 — Attaques mameloukes contre les forteresses croisées du Levant.

من سنة ١٢٦٤ إلى سنة ١٢٦٧ - هجمات للمماليك على قلاع الصليبيين في بلاد الشام وفلسطين

1268 — Reprise d'Antioche par les musulmans.

سنة ١٢٦٨ - المسلمون يستعيدون السيطرة على مدينة أنطاكية في شمال غرب بلاد الشام

1269 — Les Marinides prennent Marrakech et mettent un terme au règne du dernier almohade.

سنة ١٢٦٩ - بنو مرين يحتلون مدينة مراكش ويقضون على حكم الموحدين بالقضاء على آخر زعمائهم ثم يقيمون عاصمتهم في فاس

1270 — Saint Louis (Louis IX) dirige la 8ème Croisade et meurt à Tunis à 56 ans.

سنة ١٢٧٠ - القديس لويس يقود الحملة الصليبية التاسعة ويـموت في تونس وعمره ٥٦ سنة

1271-1295 — Voyage de Marco Polo en Chine.

من سنة ١٢٧١ إلى سنة ١٢٩٥ - رحلة الرحالة الإيطالي ماركو بولو إلى الصين

v. 1276 — Raymond Lulle fonde à Majorque un collège enseignant l'arabe.

ح سنة ١٢٧٦ - رامون لول الكاتالوني الكاثوليكي يفتتح مدرسة لتعليم اللغة العربية في مايوركا

1284 — Les Siciliens occupent Djerba.

سنة ١٢٨٤ - الصقليون يحتلون جزيرة جربة

1285-1314 — Philippe le Bel, roi

من سنة ١٢٨٥ إلى سنة ١٣١٤ - عهد الملك الفرنسي

de France. Affaire des Templiers, dont l'ordre est dissous en 1307. Lutte entre le roi de France et le pape.

1289 — Reprise de Tripoli (Liban) par les musulmans.

1291 — Fin des Etats latins en Orient. / Origine de la Confédération helvétique.

XIVème siècle — Rivalités entre Gênes et Venise.

v. 1300 — Constitution de la première principauté ottomane. / Conversion des Bogomiles de Bosnie à l'Islam.

1305 — Mosquée de l'Alhambra.

1309 — Chute de Gibraltar aux mains des Catholiques. / Le pape français Clément V quitte Rome pour Avignon.

1315 — Mort de Raymond Lulle, écrivain et missionnaire catalan, auteur de nombreux ouvrages en arabe.

1321 — Mort à Ravenne de Dante (56 ans) auteur de la *Divine Comédie*.

1325 — Début des voyages d'Ibn Battûta (1304-1377).

1328 — Charles IV le Bel meurt sans héritier direct. Philippe VI devient roi et établit la dynastie des Valois.

فيليب الجميل / قضية فرسان المعبد وحل تنظيمهم عام ١٣٠٧ / استمرار الصراع السياسي بين ملك فرنسا والبابا

سنة ١٢٨٩ - المسلمون يستعيدون السيطرة على مدينة طرابلس في شمال لبنان

سنة ١٢٩١ - نهاية الممالك اللاتينية الشرقية / وضع أسس الاتحاد الكونفدرالي في سويسرا

القرن الرابع عشر - التنافس على أشده بين مدينتي جنوة والبندقية (فينيسيا)

ح سنة ١٣٠٠ - قيام أول إمارة عثمانية أسسها عثمان بن أرطغرل الذي أعلن استقلاله عن سلطة السلاجقة / اعتناق سكان البوسنة الديانة الإسلامية

سنة ١٣٠٥ - تشييد مسجد الحمراء في غرناطة

سنة ١٣٠٩ - سقوط جبل طارق في قبضة الكاثوليكيين / البابا إكلمنضس (كليمنت) الخامس (فرنسي) يستقر في مدينة آفينيون في جنوب فرنسا

سنة ١٣١٥ - وفاة رامون لول الكاتب الكتلاني الذي ألف العديد من الكتب باللغة العربية إلى جانب ما كتبه باللاتينية والكتلانية

سنة ١٣٢١ - وفاة دانتي مؤلف الكوميديا الإلهية في مدينة رافينا عن عمر ناهز السادسة والخمسين

سنة ١٣٢٥ - بداية رحلات الرحالة المغربي ابن بطوطة الذي ولد سنة ١٣٠٤ وتوفي سنة ١٣٧٧

سنة ١٣٢٨ - وفاة ملك فرنسا شارل الرابع الملقب بالجميل دون وريث / فيليب السادس يصبح أول ملوك فرنسا من سلالة الفالوازيين

1334-44 — Palais des Papes à Avignon.

1337-1453 — Guerre de Cent ans.

1347-52 — Peste Noire.

1362 — Les Ottomans s'emparent d'Andrinople.

1365 — Pillage d'Alexandrie par les Européens.

1366-1405 — Tamerlan fonde un nouveau pouvoir turco-mongol.

1378-1420 — Grand Schisme d'Occident. Deux puis trois papes revendiquent la légitimité de leur pouvoir. En 1410, Grégoire siégeait à Rome, Benoît XIII à Avignon et Jean XXIII à Pise.

1390 — Expédition de Louis de Bourbon contre al-Mahdiyya.

1393 — Tamerlan à Bagdad.

1397 — Première apparition des Ottomans à Athènes.

v. 1400 — Extension des conversions à l'Islam en Asie du sud-Est.

1401 — Victoire de Tamerlan sur les Mamelouks. La Syrie lui est soumise.

من سنة ١٣٣٤ إلى سنة ١٣٤٤ - تشييد قصر البابوات في مدينة آفينيون

من سنة ١٣٣٧ إلى سنة ١٤٥٣ - حرب المائة عام

من سنة ١٣٤٧ إلى سنة ١٣٥٠ - انتشار الطاعون

سنة ١٣٦٢ - العثمانيون يحتلون مدينة الأندرونة في غرب الأناضول

سنة ١٣٦٥ - القوات الأوربية تنهب ميناء الإسكندرية في شمال مصر

من سنة ١٣٦٦ إلى سنة ١٤٠٥ - عهد تيمورلنك على رأس المغول

من سنة ١٣٧٨ إلى سنة ١٤٢٠ - الانشقاق العظيم في الكنيسة الغربية وتواجد بابا في روما وآخر في آفينيون وثالث في بيزا / في سنة ١٤١٠ كان البابا في روما هو غريغوريوس الثاني عشر وفي آفينيون بندكتوس الثامن وفي بيزا يوحنا الثالث والعشرين

سنة ١٣٩٠ - لويس البوربوني دوق إقليم بورغندي يغزو ميناء المهدية في تونس

سنة ١٣٩٣ - تيمورلنك يدخل بغداد

سنة ١٣٩٧ - العثمانيون يتدخلون للمرة الأولى في مدينة أثينا اليونانية

ح سنة ١٤٠٠ - تزايد اعتناق الإسلام في بلدان جنوب شرق آسيا

سنة ١٤٠١ - تيمورلنك ينتصر على المماليك ويفرض سيطرته على سورية

1405 — Mort de Tamerlan (69 ans). Son mausolée se trouve à Samarcande.

1406 — Mort d'Ibn Khaldûn (74 ans) au Caire.

1414-18 — Concile de Constance qui démet les trois papes et élit Martin V.

1429-31 — Chevauchée de Jeanne d'Arc.

1453 — Charles VII, roi de France remporte la bataille de Castillon. C'est la fin de la Guerre de Cent Ans. / Prise de Constantinople par le sultan ottoman Mehmet II.

1455 — La Bible est le premier livre imprimé par Gutenberg.

1469 — Union de Ferdinand d'Aragon (17 ans) et d'Isabelle de Castille (18 ans).

1478 — Création de l'Inquisition espagnole, inféodée à la monarchie espagnole, pour traquer les hérétiques et les fausses conversions au catholicisme.

1492 — Découverte de l'Amérique par Christophe Colomb. / Grenade aux mains des Rois catholiques. / Les musulmans et les juifs, chassés d'Espagne, se rendent en Afrique du Nord et dans l'Empire ottoman.

سنة ١٤٠٥ - وفاة تيمورلنك (عاش ٦٩ عاماً) وضريحه ما زال قائماً في سمرقند

سنة ١٤٠٦ - وفاة ابن خلدون في القاهرة (عاش ٧٤ عاماً) وكان تونسي المولد والنشأة

من سنة ١٤١٤ إلى سنة ١٤١٨ - المجمع المسكوني في كونستانس ينهي الانشقاق بانتخاب مارتن الخامس

من سنة ١٤٢٩ إلى سنة ١٤٣١ - كفاح جان دارك من أجل الدفاع عن فرنسا في وجه الإنجليز

سنة ١٤٥٣ - ملك فرنسا شارل السابع ينتصر في معركة كاستيون ضد الإنجليز مما يضع حداً نهائياً لحرب المائة عام / السلطان العثماني محمد الفاتح يحتل مدينة القسطنطينية / هجرة الكثير من العلماء اليونانيين إلى إيطاليا

سنة ١٤٥٥ - جوتنبرغ يطبع الكتاب المقدس وهو أول كتاب يخرج من مطبعته في ستراسبورغ

سنة ١٤٦٩ - زواج فرديناند الأراغوني (١٧ سنة) وإيزابيل القشتالية (١٨ سنة)

سنة ١٤٧٨ - تأسيس محاكم التفتيش التابعة للعرش الملكي في إسبانيا وكان الغرض منها متابعة الغلاة وكل من تظاهر كذباً باعتناق الديانة الكاثوليكية وخاصة من بين المسلمين واليهود

سنة ١٤٩٢ - كريستوف كولومبوس يكتشف أمريكا / الملوك الكاثوليكيون يحتلون مدينة غرناطة ويضعون حداً لدولة بني الأحمر / تهجير المسلمين واليهود من إسبانيا باتجاه شمال إفريقيا وأراضي الدولة العثمانية / العرب الباقون في إسبانيا يجبرون على اعتناق المذهب الكاثوليكي

1498 — Vasco de Gama contourne l'Afrique pour atteindre les Indes.

1498-1515 — Règne de Louis XII, roi de France.

1501 — Officialisation du chiisme duodécimain comme religion d'Etat par le chah safavide Ismâ'îl.

1503-21 — Apogée de la Renaissance italienne (Joconde de Leonard de Vinci, Chambres du Vatican de Raphaël, voûte de la chapelle Sixtine de Michel-Ange).

1515-1547 — Règne de François Ier.

1515 — Bataille de Marignan : victoire de François Ier et de ses alliés vénitiens contre des forces suisses.

1517 — Guerre entre Charles Quint et François Ier. / Le sultan ottoman Sélim Ier bat les Mamelouks d'Egypte, mettant fin à leur dynastie commencée en 1251. / Les 95 thèses de Luther. Réforme protestante.

1519 — Charles Quint, empereur d'Occident. / Magellan effectue le tour du monde en trois ans. / Mort à Amboise (France) de Leonard de Vinci (67 ans).

1521 — Excommunication de Martin Luther.

1520-50 — Les rois de France

سنة ١٤٩٨ - الرحالة فاسكو دي غاما يقوم برحلة من أوربا إلى الهند مروراً برأس الرجاء الصالح

من سنة ١٤٩٨ إلى سنة ١٥١٥ - عهد لويس الثاني عشر

سنة ١٥٠١ - الشاه الصفوي إسماعيل مؤسس الدولة الصفوية في إيران يتبنى رسمياً لدولته المذهب الشيعي الجعفري الاثناعشري

سنة ١٥٠٤ - العصر الذهبي للنهضة الإيطالية (ليوناردو دافنشي يرسم لوحة الجوكوندا ورافائيل يغطي برسومه جدران وسقوف غرف الفاتيكان ومايكل أنجيلو يصور سقف الكنيسة السيستية)

من سنة ١٥١٥ إلى سنة ١٥٤٧ - عهد فرانسوا الأول

سنة ١٥١٥ - معركة مارينيان قرب ميلانو التي انتصر فيها ملك فرنسا فرانسوا الأول وحلفاؤه في البندقية (فينيسيا) على القوات السويسرية

سنة ١٥١٧ - الحرب بين شارل الخامس وملك فرنسا فرانسوا الأول / السلطان العثماني سليم الأول ينتصر على المماليك في مصر ويضع حداً لدولتهم التي بدأت سنة ١٢٥١ / مارتن لوثر ينشر آراءه المعارضة لسياسة البابا وخاصة بشأن صكوك الغفران

سنة ١٥١٩ - شارل الخامس يصبح إمبراطوراً للغرب / الرحالة ماجلان يقوم بأول رحلة حول العالم أتمها في ثلاث سنين / وفاة الرسام الإيطالي ليوناردو دافنشي في مدينة أمبواز الفرنسية (عاش ٦٧ عاماً)

سنة ١٥٢٠ - الحرم الكنسي بحق الراهب الألماني مارتن لوثر

من سنة ١٥٢٠ إلى سنة ١٥٥٠ - ملوك فرنسا

se font bâtir des châteaux en Ile-de-France et Val-de-Loire diffusant ainsi la Renaissance italienne.

1520-66 — Règne de Soliman le Magnifique.

1521 — Les Ottomans à Belgrade et à Rhodes.

1534 — Les Ottomans à Bagdad.

1534 — Les Ottomans attaquent le Yémen.

1539 — Ordonnance de Villers-Cotterêts. / Raid espagnol sur Tunis.

1540 — La « Grammatica Arabica » de Postel.

1541 — Calvin fonde l'Eglise réformée à Genève / Déroute d'une expédition de Charles-Quint contre Alger.

1543 — Raid turc sur Nice.

1545-63 — Le Concile de Trente organise la Réforme catholique.

1546 — Activités de Michel-Ange comme architecte à Rome : Coupole de Saint-Pierre, Palais Farnèse, Place du Capitole.

1556 — Abdication de Charles Quint.

يشيدون القصور على نمط فني مستوحى من فن النهضة الإيطالية وذلك في المناطق المحيطة بباريس والمناطق الموازية لمسار نهر اللوار في الشمال الغربي

من سنة ١٥٢٠ إلى سنة ١٥٦٦ - عهد السلطان العثماني سليمان القانوني

سنة ١٥٢١ - العثمانيون يحتلون مدينة بلغراد (في صربيا الحالية) وجزيرة رودس في البحر المتوسط

سنة ١٥٣٤ - العثمانيون يدخلون بغداد

سنة ١٥٣٨ - بداية الهجمات العثمانية على اليمن بعد سيطرتهم على مصر والحجاز

سنة ١٥٣٩ - قوانين فيليكوتريه الإدارية / الإسبان يقومون بغزوة على مدينة تونس

سنة ١٥٤٠ - غليوم بوستيل يؤلف كتابه في النحو العربي باللغة اللاتينية

سنة ١٥٤١ - عالم الدين جان كالفين يؤسس الكنيسة الإصلاحية في مدينة جنيف / فشل الحملة التي قادها شارل الخامس على مدينة الجزائر

سنة ١٥٤٣ - الأتراك يهاجمون مدينة نيس

من سنة ١٥٤٥ إلى سنة ١٥٦٣ - المجمع المسكوني في ترانت يحدد أسس إصلاح الكنيسة الكاثوليكية

سنة ١٥٤٦ - المعمار الإيطالي الشهير مايكل أنجيلو يتولى أعمال مهمة في روما منها قبة كنيسة القديس بطرس وهي الكنيسة الرئيسية في الفاتيكان وقصر فارنيسي ذو الواجهة الشهيرة وساحة الكابيتول

سنة ١٥٥٦ - شارل الخامس يتنازل عن العرش

1558-1603 — Règne d'Elisabeth Ière d'Angleterre.

من سنة ١٥٥٨ إلى سنة ١٦٠٣ - عهد ملكة إنجلترة أليزابيث الأولى

1562-98 — Guerre de religion en France, entre catholiques et protestants.

من سنة ١٥٦٢ إلى سنة ١٥٩٨ - الحروب الدينية بين الكاثوليك والبروتستانت

1564 — Mort à Rome de Michel-Ange (88 ans).

سنة ١٥٦٤ - وفاة المعمار والنحات والرسام الإيطالي مايكل أنجيلو في روما (عاش ٨٨ عاماً)

1572 — La Saint-Barthélemy, déclenchée à Paris le 24 août.

سنة ١٥٧٢ - مذبحة سان برتليمي التي انطلقت من باريس في ٢٤ آب - أغسطس

1574 — Les Turcs maîtres de la Tunisie.

سنة ١٥٧٤ - الأتراك يسيطرون على بلاد تونس ويطردون الإسبان منها ويسقطون الحفصيين فيها

1578 — Avènement du Saᶜdien al-Mansûr au Maroc.

سنة ١٥٧٨ - بداية عهد السلطان منصور السعدي في المغرب

1589 — Assassinat du roi Henri III, sans héritier ; c'est la fin de la dynastie des Valois. Henri de Navarre, encore protestant, lui succède et fonde la dynastie des Bourbons, mais il ne sera couronné qu'en 1594, à Chartres.

سنة ١٥٨٩ - اغتيال ملك فرنسا هنري الثالث ونهاية سلالة الفالوازيين / هنري ملك النافار البروتستانتي يخلفه كملك لفرنسا دون أن يتم تتويجه وهو أول ملوك سلالة البوربون / فيما بعد اعتنق الملك الكاثوليكية فتم تتويجه سنة ١٥٩٤ في مدينة شارتر جنوب باريس

1590 — Les Marocains s'emparent de Tombouctou.

سنة ١٥٩٠ - المغاربة يحتلون مدينة تومبوكتو في إفريقيا السوداء (في مالي الحالية)

1593 — Henri IV abjure le protestantisme et devient catholique.

سنة ١٥٩٣ - ملك فرنسا هنري الرابع يتخلى عن مذهبه البروتستانتي ويعتنق الكاثوليكية

1598 — Edit de Nantes : liberté de conscience et de culte (révoqué en 1685, à l'époque de Louis XIV).

سنة ١٥٩٨ - قانون نانت الذي يسمح لكل فرد بحرية اختيار دينه ومعتقداته وقد ألغي هذا القانون سنة ١٦٨٥ في عهد لويس الرابع عشر

1602 — Fondation de la Compagnie hollandaise des Indes Orientales.

سنة ١٦٠٢ - تأسيس الشركة الهولندية للهند الشرقية بعد تكاثف النشاطات التجارية مع آسيا

1603 — Mort d'Elisabeth Ière d'Angleterre (70 ans).

1607 — Claudio Monteverdi compose *Orfeo* à Mantoue, œuvre fondatrice de l'art de l'opéra.

1610 — Mort d'Henri IV (57 ans), assassiné à Paris par Ravaillac ; début du règne de Louis XIII.

1616 — Mort de William Shakespeare (52 ans).

1618-48 — Guerre de Trente Ans qui oppose les puissances européennes catholiques aux protestants.

1624-42 — Gouvernement du Cardinal Richelieu.

1635 — Fondation de l'Académie française.

1640 — Séparation de la couronne du Portugal de la couronne de l'Espagne.

1642 — Mort de Galilée (77 ans).

1642-49 — Guerre civile en Angleterre.

1643 — Mort de Louis XIII et avènement de Louis XIV (4 ans). / Mort à Venise du compositeur italien Claudio Monteverdi (76 ans).

سنة ١٦٠٣ - وفاة أليزابيث الأولى ملكة إنجلترة عن سبعين عاماً

سنة ١٦٠٧ - الموسيقار الإيطالي كلاوديو مونتيفيردي يؤلف في مدينة مونتو أول عمل أوبرالي وهو أوبرا أورفيوس

سنة ١٦١٠ - اغتيال هنري الرابع ملك فرنسا وهو في السابعة والخمسين من عمره على يد رافاياك / ابنه لويس الثالث عشر يصبح ملكاً لفرنسا

سنة ١٦١٦ - وفاة الكاتب وليام شكسبير (عاش ٥٢ عاماً)

من سنة ١٦١٨ إلى سنة ١٦٤٦ - حرب الثلاثين عاماً بين الحكومات الأوربية الكاثوليكية من جهة والبروتستانتية في الأراضي الألمانية من جهة أخرى

من سنة ١٦٢٤ إلى سنة ١٦٤٢ - الكاردينال ريشيليو يدير شؤون الحكم في فرنسا

سنة ١٦٣٥ - تأسيس المجمع الفرنسي (الأكاديمية الفرنسية)

سنة ١٦٤٠ - انفصال الملكية البرتغالية عن الملكية الإسبانية

سنة ١٦٤٢ - وفاة العالم الإيطالي غاليليو (٧٧ عاماً)

من سنة ١٦٤٢ إلى سنة ١٦٤٩ - حرب أهلية في إنجلترة

سنة ١٦٤٣ - وفاة ملك فرنسا لويس الثالث عشر وبداية عهد ابنه لويس الرابع عشر وعمره أربع سنوات / وفاة الموسيقار الإيطالي كلاوديو مونتيفردي (عاش ٧٦ عاماً)

1643-60 — Mazarin principal ministre d'Etat.	من سنة ١٦٤٣ إلى سنة ١٦٦٠ - مازاران يدير شؤون الحكم في فرنسا
1644 — Révolution en Angleterre menée par Cromwell.	سنة ١٦٤٤ - ثورة في إنجلترة يقودها أوليفر كرومويل الذي سعى إلى إقامة الجمهورية
1648 — Traité de Westphalie et fin des guerres de religion.	سنة ١٦٤٨ - معاهدة وستفالي تنهي الحروب الدينية
1648-53 — La Fronde.	من ١٦٤٨ إلى ١٦٥٣ - حركة تمرد في فرنسا
1649 — Exécution de Charles Ier roi d'Angleterre.	سنة ١٦٤٩ - إعدام تشارلز الأول ملك إنجلترة بعد محاكمة نظمها كرومويل
1649-60 — Commonwealth (république, en Angleterre).	من سنة ١٦٤٩ إلى سنة ١٦٦٠ - الكومنولث الجمهوري الذي أسسه كرومويل
1650 — Mort de René Descartes (54 ans).	سنة ١٦٥٠ - وفاة الفيلسوف الفرنسي رينيه ديكارت عن عمر ناهز الرابعة والخمسين
1658 — Mort de Cromwell (59 ans).	سنة ١٦٥٨ - وفاة أوليفر كرومويل (عاش ٥٩ عاماً)
1660 — Restauration des Stuarts.	سنة ١٦٦٠ - عودة سلالة ستيوارت إلى الحكم
v. 1660 — Intervention omanaise en Afrique orientale. / Essor de la dynastie Alawite au Maroc.	ح سنة ١٦٦٠ - تدخل عماني في شرق إفريقيا / السلالة العلوية في المغرب توسع نفوذها تدريجياً على كامل الأراضي المغربية
1661-1715 — Règne effectif de Louis XIV.	من سنة ١٦٦١ إلى سنة ١٧١٥ - عهد لويس الرابع عشر بعد فترة وصاية دامت ثمانية عشر عاماً
1662 — Mort de Blaise Pascal (39 ans).	سنة ١٦٦٢ - وفاة العالم الفرنسي باسكال (٣٩ عاماً)
1668 — Les Turcs achèvent la conquête de la Crète.	سنة ١٦٦٨ - الأتراك العثمانيون يتمون احتلالهم لجزيرة كريت في البحر المتوسط
1669 — Fondation à Paris de	سنة ١٦٦٩ - تأسيس الأكاديمية الملكية للموسيقى

l'Académie royale de Musique.

1670 — Création de la Compagnie française du Levant.

1672 — Avènement de Moulay Ismaïl (Maroc).

1673 — Mort de Molière (51 ans).

1679 — *Habeas Corpus*.

1682 — Installation de la cour à Versailles.

1682-1725 — Pierre le Grand tsar de Russie.

1683 — Deuxième siège turc contre Vienne, durant deux mois. / Mort de Colbert (64 ans).

1685 — Révocation de l'Edit de Nantes (annoncé en 1598).

1685-88 — Règne de Jacques II en Angleterre, roi catholique et impopulaire.

1687 — Mort à Paris du compositeur français d'origine italienne Jean-Baptiste Lully (55 ans).

1688-89 — Glorieuse Révolution, qui écarte Jacques II, contraint de fuir en france, et marque le début de la monarchie constitutionnelle en Angleterre.

في مدينة باريس

سنة ١٦٧٠ - وزير فرنسا كولبير يؤسس الشركة الفرنسية لبلاد الشام

سنة ١٦٧٢ - بداية عهد السلطان المغربي مولاي إسماعيل بن شريف الذي دام حكمه ٥٥ سنة

سنة ١٦٧٣ - وفاة موليير وقد عاش ٥١ عاماً

سنة ١٦٧٩ - قانون بريطاني : لا حبس دون محاكمة

سنة ١٦٨٢ - انتقال ملك فرنسا وحاشيته إلى قصر فرساي قرب باريس

من سنة ١٦٨٢ إلى سنة ١٧٢٥ - عهد بطرس العظيم قيصر روسيا

سنة ١٦٨٣ - الأتراك العثمانيون يحاصرون فيينا للمرة الثانية ولمدة شهرين / وفاة الوزير كولبير (عاش ٦٤ عاماً)

سنة ١٦٨٥ - إلغاء قانون نانت الذي أعلنه هنري الرابع عام ١٥٩٨ والذي أكد حرية المعتقدات

من سنة ١٦٨٥ إلى سنة ١٦٨٨ - عهد جاك الثاني في إنجلترة وهو كاثوليكي كان أعداؤه أكثر من مؤيديه

سنة ١٦٨٧ - وفاة الموسيقار الفرنسي الإيطالي الأصل جان باتيست لولي في باريس عن عمر ناهز الخامسة والخمسين وكان الموسيقار الرسمي للقصر

في سنتي ١٦٨٨ و١٦٨٩ - الثورة المجيدة في إنجلترة التي عزلت الملك جاك (جيمس) الثاني وأجبرته على الهرب إلى فرنسا ووضعت أسس الملكية الدستورية وهي الثورة الثانية في إنجلترة وقد تميزت بسلميتها النسبية

1689 — *Bill of Rights*, qui fixe les principes de la monarchie constitutionnelle en Angleterre.

1695 — Mort à Londres du compositeur anglais Henri Purcell (36 ans).

1697 — Publication de la *Bibliothèque Orientale* d'Herbelot (encyclopédie).

1704 — Galland commence la publication des *1001 Nuits*.

1715 — Mort de Louis XIV (76 ans). Avènement de son arrière petit-fils Louis XV.

1728 — Début de l'imprimerie turque.

1733 — Première imprimerie arabe au Liban créée par le chanoine Abdullah Zâkhir au monastère de Mar Yûhannâ as-Sâyigh à al-Khinshâra.

1737 — Début du mouvement wahhabite en Arabie qui prône une rigueur inédite.

1741 — Mort à Vienne du compositeur italien Antonio Vivaldi (63 ans).

1742 — Haendel compose *Le Messie*.

1744 — Pacte entre le prédicateur Muhammad b. Abdulwahab et Muhammad b. Saud.

سنة ١٦٨٩ - قانون الحقوق وهو بـمثابة دستور وضع أسس الـملكية الدستورية في إنجلتـرة وفرضها على الملكة ماري الثانية وزوجها غليوم الثالث

سنة ١٦٩٥ - وفاة الموسيقار الإنجليزي هنري برسل وعمره ستة وثلاثون عاماً

سنة ١٦٩٧ - صدور موسوعة « الـمكتبة الشرقية » دي هربلوت في باريس

سنة ١٧٠٤ - المستشرق الفرنسي أنطوان غالان يبدأ بنشر ترجمته لحكايات ألف ليلة وليلة

سنة ١٧١٥ - وفاة ملك فرنسا لويس الرابع عشر وهو في السادسة والسبعين من عمره وبداية عهد ابن حفيده لويس الخامس عشر

سنة ١٧٢٨ - بداية الطباعة في تركيا

سنة ١٧٣٣ - أول مطبعة عربية في لبنان في دير القديس مار يوحنا الصايغ في الخنشارة أسسها الشماس عبد الله زاخر / وفي عام ١٨٠٨ يحضر الراهب سيرانيم الشوشاني مطبعة ثانية من روما

سنة ١٧٣٧ - بداية الدعوة الوهابية المتشددة في الجزيرة العربية والتي تبنت مبدأ إمكانية تكفير بعض المسلمين

سنة ١٧٤١ - وفاة الموسيقار الإيطالي أنطونيو فيفالدي في مدينة فيينا وعمره ثلاثة وستون عاماً

سنة ١٧٤٢ - الموسيقار هندل يلحن أوبرا «المسيح»

سنة ١٧٤٤ - تعاهد صاحب الدعوة الوهابية محمد بن عبد الوهاب ومحمد بن سعود آل مقرن مؤسس إمارة الدرعية

1750 — Mort à Leipzig du compositeur allemand Jean-Sébastien Bach (65 ans). / Mort à Venise du compositeur italien Albinoni (80 ans).

1751-72 — Elaboration de l'*Encyclopédie*.

1756 — Naissance à Salzbourg de Mozart.

1757 — Avènement de Moulay Muhammad III (Maroc).

1759 — Mort à Londres de Haendel (74 ans).

1762-96 — Règne de Catherine II de Russie.

1769 — Machine à vapeur de Watt. / Chute de Mazagan (actuelle ville d'al-Jadîda), dernière position portugaise au Maroc.

1770 — Déroute navale des Ottomans devant la flotte russe à Tchechmé. / Les Touaregs dominent Tombouctou et Gao.

1773 — La dynastie saʿûdienne s'impose à Ryad. Extension de la doctrine wahabite.

1774 — Louis XVI, roi de France. / Traité de Kütchük-Kaynardji entre Ottomans et Russes : l'autorité turque se

سنة ١٧٥٠ - وفاة الموسيقار الألماني جان سباستيان باخ في مدينة لايبزج عن عمر ناهز الخامسة والستين / وفاة الموسيقار الإيطالي ألبينوني في مدينة البندقية (فينيسيا) عن عمر ناهز الثمانين عاماً

من سنة ١٧٥١ إلى سنة ١٧٧٢ - وضع نصوص «الموسوعة» التي شارك فيها الكثير من كتاب الأنوار

سنة ١٧٥٦ - ولادة الموسيقار الألماني موزارت في مدينة سالزبورغ

سنة ١٧٥٧ - بداية عهد سلطان المغرب العلوي مولاي محمد الثالث

سنة ١٧٥٩ - وفاة الموسيقار فردريك هندل في لندن وعمره أربعة وسبعون عاماً

من سنة ١٧٦٢ إلى سنة ١٧٩٦ - عهد كاترين الثانية في روسيا

سنة ١٧٦٩ - الأسكتلندي جيمس واط يخترع الآلة البخارية / سقوط مازاغان (مدينة الجديدة حالياً) آخر المواقع البرتغالية في المغرب على يد قوات السلطان مولاي محمد

سنة ١٧٧٠ - اندحار الأسطول العثماني أمام الأسطول الروسي في تجمة / الطوارق يسيطرون على تومبوكتو وجاو (في مالي الحالية)

سنة ١٧٧٣ - آل سعود يسيطرون على الرياض / بدء انتشار المذهب الوهابي المتفرع عن المذهب الحنبلي وهو أقل المذاهب الإسلامية تسامحاً

سنة ١٧٧٤ - وفاة لويس الخامس عشر وبداية عهد لويس السادس عشر / معاهدة قتشق قاينارج بين العثمانيين والروس والتي أدت إلى حصر النفوذ

limite désormais au sud de la mer Noire.

التركي جنوب البحر الأسود

1776 (4 juillet) — Déclaration d'indépendance des Etats-Unis d'Amérique.

سنة ١٧٧٦ (٤ تموز - يوليو) - إعلان استقلال الولايات المتحدة الأمريكية عن بريطانيا بعد معارك طويلة ساندت خلالها فرنسا قوات الثوار الأمريكان

1778 — Mort de Voltaire (84 ans). / Mort de Jean-Jacques Rousseau (66 ans).

سنة ١٧٧٨ - وفاة الفيلسوف الفرنسي فولتير (٨٤ عاماً) / وفاة الفيلسوف جان جاك روسو (٦٦ عاماً)

1781 — Capitulation des Anglais devant les armées américaines et françaises.

سنة ١٧٨١ - استسلام الإنجليز للقوات الأمريكية والفرنسية في حرب الاستقلال التي أدت إلى تأسيس الولايات المتحدة الأمريكية

1783 (19 septembre) — Vol de la première mongolfière à Versailles.

سنة ١٧٨٣ (١٩ أيلول - سبتمبر) - أول منطاد يحلق في الجو في فرساي

1783 — Le Traité de Versailles met un terme à la guerre en Amérique.

سنة ١٧٨٣ - معاهدة فرساي بين فرنسا وإسبانيا وإنجلترة تعلن نهاية الحرب في أمريكا

1784 — Mort de Diderot (71 ans).

سنة ١٧٨٤ - وفاة ديدرو (عاش ٧١ عاماً)

1787 — Adoption de la constitution des Etats-Unis.

سنة ١٧٨٧ - وضع دستور الولايات المتحدة الأمريكية

1788 — Guerre austro-turque.

سنة ١٧٨٨ - الحرب بين تركيا والنمسا

1789 — Révolution Française. / 5 mai: Convocation des états généraux. / 14 juillet : Prise de la Bastille. / 4 août : Abolition des privilèges et fin de l'Ancien Régime. / 26 août : Déclaration des droits de l'homme. / George Washington premier président des USA. / Avènement du sultan Sélim III. / Avènement de l'Emir Bashîr II, qui aura gouverné le Liban jusqu'à sa mort en 1842.

سنة ١٧٨٩ - الثورة الفرنسية / ٥ أيار - مايو : استدعاء المجالس العامة / ١٤ تموز - يوليو : سقوط سجن الباستيل / ٤ آب - أغسطس : إلغاء الامتيازات التي كان يتمتع بها النبلاء ورجال الدين ونهاية النظام القديم / ٢٦ آب - أغسطس : إعلان حقوق الإنسان / جورج واشنطن يصبح أول رئيس للولايات المتحدة الأمريكية / بداية عهد السلطان العثماني سليم الثالث / بداية عهد الأمير بشير الثاني الشهابي في لبنان وهو آخر الأمراء الفعليين للبنان وقد دام حكمه حتى وفاته سنة ١٨٤٢

1789-92 — Monarchie constitutionnelle.

من سنة ١٧٨٩ إلى سنة ١٧٩٢ - حكم الملكية الدستورية في فرنسا

1790 — Mort de Adam Smith (67 ans), philosophe et économiste britannique.

سنة ١٧٩٠ - وفاة آدم سميث (٦٧ سنة) وهو فيلسوف وعالم اقتصادي بريطاني كلاسيكي

1791 — Mort à Vienne de Wolfgang Amadeus Mozart (35 ans). / Traité de Avitchov qui consacre le recul turc en Europe. / 28 octobre : Olympe de Gouges propose à l'Assemblée nationale une "déclaration des droits de la femme et de la citoyenne", mais sa demande sera rejetée.

سنة ١٧٩١ - وفاة الموسيقار فولجانج أماديوس موزارت في فيينا (عاش ٣٥ عاماً) / معاهدة أفيتشوف التي تؤكد تراجع الأتراك في أوربا / في ٢٨ تشرين الأول - أكتوبر تقترح الكاتبة الفرنسية أولامب دي جوج إعلانا لحقوق المرأة لكن المجلس الوطني الفرنسي يرفض التصويت عليه بينما تم تبني إعلان مماثل لحقوق الإنسان في ٢٦ آب - أغسطس سنة ١٧٨٩

1792 (10 août) — Chute de la monarchie et début de la république le 22 septembre. / Mort de Muhammad b. Abdulwahab, fondateur du wahabisme, qui inspire beaucoup de salafistes.

سنة ١٧٩٢ (١٠ آب - أغسطس) - سقوط الملكية وبداية العهد الجمهوري في ٢٢ أيلول - سبتمبر / وفاة محمد بن عبد الوهاب الداعية الذي أسس المذهب الوهابي المتشدد والذي تنتسب إليه الكثير من الحركات السلفية الحالية

1792-94 — République des Sans-Culottes. Régime de la Convention.

من سنة ١٧٩٢ إلى سنة ١٧٩٤ - ثورة العامة في فرنسا وقيام نظام الجمعية الوطنية

1793 (21 janvier) — Exécution de Louis XVI, guillotiné sur l'actuelle place de la Concorde à Paris. / Le palais royal du Louvre devient un musée public.

سنة ١٧٩٣ (٢١ كانون الثاني - يناير) - إعدام الملك لويس السادس عشر بالمقصلة في ساحة الكونكورد الحالية في مدينة باريس / قصر اللوفر الملكي يتحول إلى متحف ويفتح أبوابه للجمهور

1794 (14 février) — La Convention abolit l'esclavage. / (27 juillet) — Chute de Robespierre.

سنة ١٧٩٤ (١٤ شباط - فبراير) - الجمعية تلغي العبودية / (٢٧ تموز - يوليو) سقوط روبسبيير وهو واحد من زعماء الثورة ومنظريها

1794-99 — Régime du Directoire, essai d'instauration d'une République bourgeoise.

من سنة ١٧٩٤ إلى سنة ١٧٩٩ - هيئة الإدارة تحكم فرنسا وتحاول إقامة نظام جمهوري بورجوازي دون التمكن من ترسيخ أسس هذا النظام

1795 — Fondation à Paris de l'Ecole des Langues Orientales. Sylvestre de Sacy dirige le département d'arabe.

سنة ١٧٩٥ - تأسيس مدرسة اللغات الشرقية في باريس وعلى رأس القسم العربي فيها سلفستر دي ساسي

1798 — Bonaparte en Egypte. Création de l'Institut d'Egypte.

سنة ١٧٩٨ - الجنرال بونابرت يقود حملة على مصر ويؤسس فيها المعهد العلمي في مصر

1799 (10 novembre) — Début du Consulat : Napoléon Bonaparte, Premier Consul.

سنة ١٧٩٩ (١٠ تشرين الثاني - نوفمبر) - بداية حكم القنصلية وتعيين بونابرت بمنصب القنصل الأول

1800 (14 juin) — Bataille de Marengo et victoire de Bonaparte / Réunion de l'Irlande à la Grande-Bretagne.

سنة ١٨٠٠ (١٤ حزيران - يونيو) - انتصار بونابرت على الجيش الألماني في معركة مارنغو (شمال إيطاليا) / انضمام آيرلندة إلى بريطانيا العظمى

1801 — Concordat.

سنة ١٨٠١ - اتفاق بين الدولة الفرنسية والكنيسة

1802 — Naissance de Victor Hugo (26 février). / Rétablissement de l'esclavage par Bonaparte. / Paix d'Amiens, entre la France et l'Angleterre (25 mars).

سنة ١٨٠٢ - ولادة فكتور هوجو (٢٦ شباط - فبراير) / عودة العبودية بأمر من بونابرت / صلح آميان بين فرنسا وإنجلترة وإسبانيا (٢٥ آذار - مارس)

1803 — Les Etats-Unis d'Amérique achètent la Louisiane à la France.

سنة ١٨٠٣ - الولايات المتحدة الأمريكية تشتري أراضي منطقة لويزيان (ولاية لويزيانا الحالية)

1804 (2 décembre) — Sacre de Napoléon Ier à Notre-Dame de Paris et début de l'Empire.

سنة ١٨٠٤ (٢ كانون الأول - ديسمبر) - تتويج الإمبراطور نابليون الأول في كاتدرائية نوتردام بباريس وبداية الإمبراطورية

1804-15 — L'Empire avec ses guerres napoléoniennes.

من سنة ١٨٠٤ إلى سنة ١٨١٥ - الإمبراطورية وحملات نابليون في مختلف أنحاء أوربا

1804-49 — Règne de Méhémet Ali en Egypte.

من سنة ١٨٠٤ إلى سنة ١٨٤٩ - عهد محمد علي باشا في مصر وعهده يعتبر بداية عصر النهضة

1805 — Camp de Boulogne. Victoire

سنة ١٨٠٥ - معسكر بولوني وتشكيل « الجيش

anglaise de Trafalgar et française d'Austerlitz.

العظيم » للهجوم على إنجلترة / انتصار الإنجليز في معركة الطرف الأغر والفرنسيين في معركة أوسترليتز

1807 — Guerre d'Espagne.

سنة ١٨٠٧ - حرب إسبانيا

1808 — Beethoven compose sa cinquième symphonie.

سنة ١٨٠٨ - الموسيقار الألماني بتهوفن يؤلف السيمفونية الخامسة

1808-83 — Vie de l'émir Abdelkader l'Algérien, mort à Damas, après une captivité de 6 ans en France (1847-1853).

من سنة ١٨٠٨ إلى سنة ١٨٨٣ - حياة الأمير عبد القادر الجزائري الذي قاوم الفرنسيين وسجن ست سنين في فرنسا ونفي إلى سورية حيث مات ودفن

1809-11 — Le Grand Empire.

من ١٨٠٩ إلى ١٨١١ - الإمبراطورية العظمى

1812 — Napoléon attaque la Russie.

سنة ١٨١٢ - نابليون يقوم بحملة على روسيا

1812-14 — L'Empire s'effondre face à la coalition européenne.

من سنة ١٨١٢ إلى سنة ١٨١٤ - انهيار الإمبراطورية إزاء التحالف الأوربي

1814 — Locomotive de Stephenson. / Ière Restauration.

سنة ١٨١٤ - ستيفنسن يصمم القاطرة / عودة الملكية (الفترة الأولى)

1815 — Congrès de Vienne. / (9 juin) — Acte final du Congrès de Vienne qui rétablit l'ordre ancien des princes sur l'Europe. / Les Cent Jours, qui se terminent par la défaite de Waterloo. / Seconde Restauration. / Traité de Paris.

سنة ١٨١٥ - مؤتمر فيينا / ٩ حزيران - يونيو : انتهاء مؤتمر فيينا بإعلان عودة سلطة الأمراء في أوربا / فترة «المائة يوم» التي عاد فيها نابليون إلى السلطة وانتهت بهزيمة واترلو / عودة الملكية (الفترة الثانية) / معاهدة باريس التي تعيد فرنسا إلى حدود ١٧٩٢

1815-30 — Restauration achevée par la révolution des Trois Glorieuses.

من سنة ١٨١٥ إلى سنة ١٨٣٠ - فترة عودة الملكية الثانية والتي تنتهي بثورة تموز - يوليو

1817 — Invention du vélo par l'Allemand Karl Drais von Sauerbronn.

سنة ١٨١٧ - اختراع الدراجة الهوائية على يد الألماني كارل دري فون ساوربرون

1821 (5 mai) — Mort de Napoléon dans son exil de Sainte-Hélène (52 ans).

سنة ١٨٢١ (٥ أيار - مايو) - وفاة نابليون في منفاه في جزيرة سانت هيلين وعمره اثنان وخمسون عاماً

/ Inauguration de l'imprimerie de Bûlâq au Caire.

1823 — Mort de David Ricardo (51 ans), économiste britannique de l'école classique.

1825 — Alphabet Braille. / La scission du Parti républicain-démocrate aux Etats-Unis donne naissance au Parti démocrate, qui prendra l'âne comme symbole en 1870.

1826-31 — Séjour à Paris de Rifâ'a at-Tahtâwî (1801-73), en tant qu'imâm d'un groupe d'étudiants boursiers d'Egypte.

1827 — Mort à Vienne de Beethoven (56 ans)

1828 — Mort à Vienne de Schubert (31 ans).

1830 — Conquête de l'Algérie par la France. / Révolutions en Europe. / Révolution de Juillet en France. Louis-Philippe Ier roi. / Le peintre Eugène Delacroix peint *La Liberté guidant le peuple*.

1830-48 — Monarchie de Juillet.

1832 — Voyage du peintre français Eugène Delacroix (1798-1863) en Afrique du Nord. De nombreux tableaux réalisés par la suite rappellent des scènes

/ افتتاح المطابع الأميرية في القاهرة (مطبعة بولاق)

سنة ١٨٢٣ - وفاة الاقتصادي البريطاني ديفيد ريكاردو وهو أحد أعلام المدرسة الاقتصادية الكلاسيكية إلى جانب مالثوس وسميث

سنة ١٨٢٥ - وضع أبجدية بريل للعميان / انشقاق الحزب الجمهوري الديمقراطي في الولايات المتحدة الأمريكية يؤدي إلى تأسيس الحزب الديمقراطي الذي اتخذ فيما بعد الحمار كرمز له بينما اتخذ الجمهوريون في ١٨٧٤ الفيل كرمز لحزبهم

من سنة ١٨٢٦ إلى سنة ١٨٣١ - رفاعة الطهطاوي (١٨٠١-١٨٧٣) يقيم في باريس كإمام لعدد من المبعوثين المصريين

سنة ١٨٢٧ - وفاة الموسيقار الألماني بتهوفن في فيينا وعمره ستة وخمسون عاماً

سنة ١٨٢٨ - وفاة الموسيقار الألماني شوبرت في فيينا وعمره واحد وثلاثون عاماً

سنة ١٨٣٠ - فرنسا تغزو الجزائر / عدة ثورات في أوربا / ثورة تموز - يوليو في فرنسا (أيام ٢٧ و٢٨ و٢٩) تعزل شارل العاشر وتضع محله لويس فيليب الأول وذلك بعد قيام الملك بانقلاب دستوري / الرسام يوجين ديلاكروا يرسم لوحة «الحرية تقود الشعب»

من سنة ١٨٣٠ إلى سنة ١٨٤٨ - ملكية تموز - يوليو

سنة ١٨٣٢ - رحلة الرسام الفرنسي يوجين ديلاكروا (١٧٩٨-١٨٦٣) إلى الجزائر والمغرب حيث سجل الفنان مشاهد عديدة حولها فيما بعد إلى لوحات رائعة وما زال بعضها في متحف اللوفر وفي متاحف

repérées lors de ce voyage.

1834 — Mort de Thomas Malthus (68 ans), économiste britannique de l'école classique et pasteur anglican.

1837-1901 — Règne de Victoria (née en 1819) en Grande Bretagne.

1837 — Charles Dickens publie son roman *Oliver Twist*. / Invention du télégraphe par Samuel Morse.

1838 — Mort de l'orientaliste et arabisant Sylvestre de Sacy (79 ans) à Paris, où il enseignait l'arabe et le farsi à l'Ecole des Langues orientales. Il était l'auteur d'une grammaire arabe.

1839 — Premier appareil de photographie inventé par le Français Louis Daguerre.

1842 — Mort de Stendhal (59 ans).

1847 — Mort à Leipzig du compositeur allemand Mendelssohn (38 ans) qui se rendait souvent en Angleterre et en Italie.

1848 — Printemps des Peuples. / IIème République. / Abolition de l'esclavage. / *Manifeste communiste* de Karl Marx et de Friedrich Engels publié à Londres.

1849 — Mort à Alexandrie (2 août) de Méhémet Ali Pacha (80 ans). / Mort

كثيرة عبر العالم

سنة ١٨٣٤ - وفاة توماس مالثوس (٦٨ عاماً) وهو عالم اقتصادي بريطاني وقسسيس أنجليكاني وكان يعتبر الحروب ضرورة لعدم كفاية الموارد الغذائية

من سنة ١٨٣٧ إلى سنة ١٩٠١ - عهد الملكة فكتوريا في بريطانيا العظمى وهي من مواليد ١٨١٩

سنة ١٨٣٧ - الكاتب الإنكليزي تشارلز ديكنز ينشر روايته «أوليفر تويست» / اختراع آلة التلغراف على يد الأمريكي صاموئيل مورس

سنة ١٨٣٨ - وفاة المستشرق سلفستر دي ساسي الذي درس العربية في مدرسة اللغات الشرقية منذ تأسيسها سنة ١٧٩٥ وحتى وفاته وكان أيضاً يعلم اللغة الفارسية وكان له كتاب في النحو العربي ونشاطات كثيرة في عالم الاستشراق

سنة ١٨٣٩ - أول جهاز للتصوير اخترعه الفرنسي لويس داغير بعد محاولات عديدة لمخترعين آخرين لم يتمكنوا من تطوير اختراعاتهم إلى جهاز عملي

سنة ١٨٤٢ - وفاة الكاتب ستندال (عاش ٥٩ عاماً)

سنة ١٨٤٧ - وفاة الموسيقار الألماني فليكس مندلسون (عاش ٣٨ عاماً) بعد حياة تنقل فيها كثيراً بين بريطانيا وإيطاليا

سنة ١٨٤٨ - «ربيع الشعوب» / الجمهورية الثانية في فرنسا / إلغاء العبودية / كارل ماركس وفريدريك إنجلز يؤلفان «البيان الأول للشيوعية» وقد صدر النص على شكل كتاب في لندن

سنة ١٨٤٩ - وفاة محمد علي باشا حاكم مصر في مدينة الإسكندرية عن عمر ناهز الثمانين / وفاة

à Paris du compositeur franco-polonais Chopin (39 ans).

1850 — Mort de Balzac (51 ans).

1851 — Coup d'Etat de Louis-Napoléon Bonaparte. / Première exposition universelle à Londres, sous le Crystal Palace, installé dans le Hyde Park.

1852-70 — Second Empire instauré par Napoléon III.

1854 — Guerre de Crimée. / 28 février — Création aux Etats-Unis du Parti républicain (GOP) qui prendra un éléphant pour emblème en 1874.

1855 — Convertisseur Bessemer qui permet de convertir la fonte en acier.

1856 — Traité de Paris qui proclame la neutralité de la mer Noire et reconnaît l'intégrité de l'Empire ottoman.

1858 — Plombières : pourparlers secrets entre Napoléon III et Cavour.

1859 — Guerre en Italie. Vers l'Unité italienne en 1871. / Charles Darwin publie *De l'Origine des espèces*.

1860 (29 mai) — Déclenchement des affrontements très sanglants au Liban entre Maronites d'un côté et Druzes et

الموسيقار الفرنسي البولندي الأصل شوبان في باريس عن عمر لم يتجاوز التاسعة والثلاثين

سنة ١٨٥٠ - وفاة بلزاك (عاش ٥١ عاماً)

سنة ١٨٥١ - انقلاب لويس نابليون بونابرت في فرنسا ونهاية الجمهورية الثانية / افتتاح أول معرض عالمي في لندن في مبنى الكريستال بالاس والذي أقيم في الهايد بارك ثم فكك ونقل إلى جنوب لندن

من سنة ١٨٥٢ إلى سنة ١٨٧٠ - نابليون الثالث يقيم الإمبراطورية الثانية

سنة ١٨٥٤ - حرب شبه جزيرة القرم / تأسيس الحزب الجمهوري في الولايات المتحدة الأمريكية على يد أعضاء أحزاب مختلفة منهم بعض الديمقراطيين الساخطين

سنة ١٨٥٥ - طريقة بسمر التي مكنت من تحويل الحديد الخام إلى الصلب المنصهر

سنة ١٨٥٦ - معاهدة باريس التي جعلت البحر الأسود منطقة محايدة منزوعة السلاح واعترفت بحدود الإمبراطورية العثمانية

سنة ١٨٥٨ - المباحثات السرية بين نابليون الثالث وكاميليو كافور من أجل تحقيق الوحدة الإيطالية

سنة ١٨٥٩ - بداية الحرب في إيطاليا والمسير نحو الوحدة الإيطالية التي تحققت فيما بعد سنة ١٨٧١ / تشارلز داروين يصدر كتابه في أصل الأجناس

سنة ١٨٦٠ (٢٩ أيار / مايو) - اندلاع المواجهات الدامية في لبنان بين الموارنة من جهة والدروز والمسلمين من جهة مما أدى إلى مقتل عشرات

Musulmans de l'autre.

الآلاف من الأفراد وتدمير المئات من القرى

1861-67 — Guerre du Mexique.

من ١٨٦١ إلى ١٨٦٧ - الحرب الأهلية في المكسيك

1862 — Victor Hugo publie *Les Misérables*.

سنة ١٨٦٢ - فكتور هوجو ينشر كتابه الشهير «البؤساء»

1863 — Protectorat français sur le Cambodge.

سنة ١٨٦٣ - فرنسا تفرض حمايتها على كمبودجيا في عهد نابليون الثالث

1863-65 — Guerre de Sécession aux Etats-Unis.

من سنة ١٨٦٣ إلى سنة ١٨٦٥ - الحرب الانفصالية في الولايات المتحدة الأمريكية

1865 (15 avril) — Abolition de l'esclavage aux Etats-Unis / Assassinat d'Abraham Lincoln (56 ans) dans un théâtre de Washington.

سنة ١٨٦٥ - إلغاء العبودية في الولايات المتحدة الأمريكية / اغتيال الرئيس الأمريكي أبراهام لنكولن أثناء عرض مسرحي في مدينة واشنطن وكان عمره خمسة وستين عاماً

1867 — Mort de Baudelaire (46 ans). / Karl Marx publie son fameux livre *Le Capital*, consacré au développement de la production capitaliste.

سنة ١٨٦٧ - وفاة الشاعر الفرنسي بودلير (٤٦ عاماً) / كارل ماركس ينشر كتابه الشهير «رأس المال» والذي كرسه لتحليل تطور الإنتاج في مجتمع خاضع للنظام الرأسمالي

1868 — Mort à Passy du compositeur italien Rossini (76 ans), auteur entre autres chefs-d'œuvre du *Barbier de Séville* et de *Guillaume Tell*.

سنة ١٨٦٨ - وفاة الموسيقار الإيطالي روسيني الذي ألف عدداً من الأعمال الأوبرالية مثل « حلاق إشبيلية » و « غليوم تل » و « سندريلا » وغيرها (عاش ٧٦ عاماً)

1869 — Inauguration du canal de Suez.

سنة ١٨٦٩ - افتتاح قناة السويس

1870 — Achèvement de l'Unité italienne. / Guerre franco-allemande. / Chute de l'Empire. IIIème République (4 septembre). / (24 octobre) — Décret Crémieux qui accorde la nationalité française aux Algériens de confession

سنة ١٨٧٠ - استتمام الوحدة الإيطالية / قيام الحرب الفرنسية الألمانية / سقوط الإمبراطورية الثالثة في الرابع من شهر أيلول - سبتمبر / ٢٤ تشرين الأول - أكتوبر - صدور قرار كريميه الذي يمنح الجنسية الفرنسية للجزائريين اليهود بينما يظل المسلمون خاضعين لقانون الأهالي الأصليين

juive. Les musulmans restent sous le régime de l'indigénat.

1871 — Proclamation de l'Empire allemand. / (18 Mars - 22 mai) — La Commune de Paris. / Le compositeur italien Giusepe Verdi compose Aïda à l'occasion de l'inauguration du Canal du Suez.

1873 — Jules Verne publie *Le Tour du monde en quatre-vingt jours*.

1875 — Lois constitutionnelles, de la IIIème République.

1876 — Invention du téléphone par Graham Bell. / Victoria, impératrice des Indes.

1877 — Guerre russo-turque. / Tchaïkovski compose *Le Lac des cygnes*.

1879 — Invention de l'éclairage publique par Thomas Edison (USA).

1880 — Mort de Flaubert (59 ans).

1881 — La Tunisie devient protectorat français (mai). / Traité des Trois Empereurs (Allemagne, Autriche-Hongrie et Russie).

1882-1963 — Vie de Abdulkarîm al-Khitâbi, qui souleva le Rif contre les Espagnols et les Français. Vaincu en

للمستعمرة وقد كان لهذا القرار دور في التوتر في المجتمع الجزائري

سنة ١٨٧١ - إعلان الإمبراطورية الألمانية / كومونة باريس (من ١٨ آذار - مارس إلى ٢٢ أيار - مايو) التي قامت احتجاجا على استسلام باريس وهزيمة فرنسا إزاء ألمانيا وشكلت إدارة ذاتية للعاصمة تم قمعها بشراسة / الموسيقار الإيطالي فردي يؤلف أوبرا «عائدة» بمناسبة افتتاح قناة السويس

سنة ١٨٧٣ - الكاتب الفرنسي جول فيرن ينشر قصته الشهيرة «حول العالم في ثمانين يوماً»

سنة ١٨٧٥ - صدور القوانين الدستورية للجمهورية الثالثة

سنة ١٨٧٦ - جراهام بيل يخترع التلفون / الملكة فكتوريا تتخذ لقب «إمبراطورة الهند» إضافة إلى كونها ملكة بريطانيا العظمى

سنة ١٨٧٧ - الحرب بين روسيا وتركيا / تشايكوفسكي يؤلف «بحيرة البجع»

سنة ١٨٧٩ - توماس أديسون يخترع الإنارة العامة في الولايات المتحدة الأمريكية

سنة ١٨٨٠ - وفاة غوستاف فلوبير (عاش ٥٩ عاماً)

سنة ١٨٨١ - تونس تصبح محمية فرنسية / «معاهدة الأباطرة الثلاثة» (ألمانيا والنمسا - هنغاريا وروسيا) تقيم تحالفاً غرضه عزل فرنسا دبلوماسياً وإضعافها اقتصادياً وعسكرياً

من سنة ١٨٨٢ إلى سنة ١٩٦٣ - حياة عبد الكريم الخطابي الذي ثار على الفرنسيين والإسبان في شمال المغرب في منطقة الريف إلى أن اضطرته القوات

1926 par les Français. / 20 mai — Triple Alliance (Allemagne, Autriche-Hongrie et Italie), œuvre du chancelier Bismarck. / Les Anglais occupent l'Egypte.

الفرنسية إلى الاستسلام سنة ١٩٢٦ / ٢٠ أيار - مايو - «التحالف الثلاثي» (ألـمانيا والنمسا - هنغاريا وإيطاليا) وهو تحالف آخر سعى المستشار الألماني بسمارك إلى تحقيقه للحد من نفوذ فرنسا

1883 (14 mars) — Mort à Londres de Karl Marx (65 ans), loin de son pays natal, l'Allemagne. / Occupation française de l'Indochine (Viêt-Nam, Laos, Cambodge, Birmanie, Thaïlande, Malaisie et Singapour).

سنة ١٨٨٣ - وفاة كارل ماركس في لندن في ١٤ آذار - مارس - وعمره خمسة وستون عاماً وكان ألماني الأصل ولكنه أقام مدة طويلة في لندن ومات ودفن فيها / احتلال فرنسا لبلدان الهند الصينية التي تشمل الفييتنام وكمبودجيا ولاوس وبورما وتايلندا وماليزيا وسنغافورة

1884 (mars) — Parution du premier numéro de la revue *Alʿurwa al-wuthqâ* à Paris qui diffusait les idées réformatrices de Jamaluddin al-Afghani et Muhammad Abduh.

سنة ١٨٨٤ (آذار - مارس) - صدور العدد الأول من مجلة «العروة الوثقى» التي حررها جمال الدين الأفغاني وتلميذه محمد عبده لبث أفكارهما الإصلاحية من أجل تجديد المجتمعات العربية والإسلامية والمساهمة في دفع النهضة إلى الأمام

1885 (22 mai) — Mort de Victor Hugo (83 ans). / Pasteur découvre le vaccin contre la rage.

سنة ١٨٨٥ (٢٢ أيار - مايو) - وفاة فكتور هوجو عن عمر ناهز الثالثة والثمانين / لويس باستور يضع لقاحاً خاصاً ضد مرض الكلَب

1886 — Moteur à explosion.

سنة ١٨٨٦ - اختراع المحرك الانفجاري

1889 — Tour Eiffel.

سنة ١٨٨٩ - تشييد برج إيفل في باريس

1890 (29 décembre) — Massacre de Wounded Knee où plus de 300 Amérindiens tombèrent sous les balles de l'armée des Etats-Unis. Cet événement tragique marque sans doute la fin de la lutte des "Peaux Rouges" contre les colons européens.

سنة ١٨٩٠ (٢٩ كانون الأول - ديسمبر) - الجيش الأمريكي يرتكب مذبحة مروعة في داكوتا الجنوبية عرفت باسم «ووندد ني» في حق أكثر من ثلاثمائة من الهنود الحمر رجالاً ونساءً وأطفالاً وشيوخاً ويعتبر الكثير من المؤرخين هذه الواقعة نهاية المقاومة لدى السكان الأصليين في أمريكا ضد الاستعمار الأوربي

1894 — Alliance franco-russe.

سنة ١٨٩٤ - تحالف روسي فرنسي

1895 — Invention du cinéma par les Frères Lumière (France). / Découverte de l'or du Yukon (Alaska).

سنة ١٨٩٥ - الأخوان الفرنسيان لويس وغوستاف لوميير يخترعان السينما / اكتشاف الذهب في منطقة يوكون في آلاسكا

1897 — Découverte de l'or en Afrique du Sud. / Mort à Istanbul de Jamaliddin al-Afghani (59 ans), grande figure du réformisme dans le monde arabo-musulman.

سنة ١٨٩٧ - اكتشاف الذهب في جنوب إفريقيا التي كانت حينها تحت السيطرة الإنجليزية / وفاة جمال الدين الأفغاني (٥٩ عاماً) في إسطنبول وهو واحد من أهم الإصلاحيين في العالم العربي والإسلامي في القرن التاسع عشر

1898 — Affaire Dreyfus. Le 13 janvier, Emile Zola publie sa célèbre lettre ouverte au président Félix Faure, publiée dans *L'Aurore* et qui commence par "J'accuse !" / Fachoda (Soudan) : crise franco-britannique. / Mort de Bismarck, ancien chancelier d'Allemagne.

سنة ١٨٩٨ - قضية دريفوس / إيميل زولا ينشر في صحيفة الأورور يوم ١٣ كانون الثاني - يناير رسالة مفتوحة إلى رئيس الجمهورية فليكس فور يبدأها بـ «إني أتهم» / حادثة فاشودة في بحر الغزال في السودان وأزمة بين فرنسا وبريطانيا حول السودان / وفاة المستشار الألماني السابق بسمارك (عاش ٨٣ عاماً)

1899 — Naissance du Labour Party.

سنة ١٨٩٩ - ولادة حزب العمال البريطاني

1899-1902 — Guerre des Boers en Afrique du Sud.

من سنة ١٨٩٩ إلى سنة ١٩٠٢ - حرب البوير في جنوب إفريقيا

1900 — Exposition universelle de Paris. / Inauguration de la 1ère ligne du métropolitain : Porte-Maillot - Porte-de-Vincennes. / Jeux-Olympiques à Paris. / (29 juillet) — Assassinat à Monza du roi d'Italie Umberto 1er. / (25 août) — Mort de Nietzsche (55 ans).

سنة ١٩٠٠ - المعرض العالمي في باريس / افتتاح أول خط للمترو الباريسي بين باب مايو وباب فانسين / الألعاب الأولمبية في باريس / اغتيال ملك إيطاليا أومبرتو الأول في مدينة مونزا في ٢٩ تموز - يوليو / وفاة الفيلسوف الألماني فردريك نيتشة في ٢٥ آب - أغسطس وعمره خمسة وخمسون عاماً ومن مؤلفاته الشهيرة كتاب «هكذا تكلم زرادشت»

XXème siècle / القرن العشرون

1901 / عام ألف وتسعمائة وواحد

22 janvier — Mort à Londres de la reine Victoria (81 ans).

٢٢ كانون الثاني / يناير - وفاة الملكة فكتوريا في لندن عن عمر ناهز الواحدة والثمانين

27 janvier — Mort à Milan de Giuseppe Verdi (87 ans).

٢٧ كانون الثاني / يناير - وفاة الموسيقار الإيطالي فردي في ميلانو عن عمر ناهز السابعة والثمانين

1er juillet — Loi des associations ("Toute association peut exister à condition d'être déclarée").

١ تموز / يوليو - « قانون الجمعيات » الفرنسي الذي نص على أن « كل تجمع مسموح به على شرط أن يتم الإعلان عنه لدى السلطات »

10 septembre — Mort du peintre Toulouse-Lautrec (36 ans).

١٠ أيلول / سبتمبر - وفاة الرسام الفرنسي تولوز لوتريك عن عمر ناهز السادسة والثلاثين

10 décembre — Attribution des premiers Prix Nobel, cinq ans après la disparition de l'inventeur de la dynamite.

١٠ كانون الأول / ديسمبر - جائزة نوبل تمنح للمرة الأولى بعد خمس سنوات من وفاة ألفريد نوبل وتنفيذاً لوصيته

1902 / سنة ألف وتسعمائة واثنتين

15 juillet — La Tour Saint-Marc de Venise s'écroule.

١٥ تموز / يوليو - انهيار برج كنيسة سان ماركو في مدينة البندقية الإيطالية (فينيسيا)

29 septembre — Mort à Paris d'Emile Zola (62 ans).

٢٩ أيلول / سبتمبر - وفاة الكاتب والروائي الفرنسي إيميل زولا وعمره اثنان وستون عاماً

Inauguration d'un barrage sur le Nil à 6 km au sud d'Assouan. Capacité de retenue de 5,3 milliards de M³.

افتتاح سد على نهر النيل يبعد ستة كيلومترات إلى الجنوب من مدينة أسوان المصرية وقدرته الاستيعابية ترتفع إلى ٥٣٠٠ مليون متر مكعب

1903

عام ألف وتسعمائة وثلاثة

Projet d'une ligne de chemin de fer reliant Istanbul à Bagdad (2.200 km).

مشروع لإقامة خط للسكة الحديدية يربط الإستانة (إسطنبول) بـبغداد طوله ألفان ومئتا كيلومتر

8 mai — Mort aux Antilles du peintre Paul Gauguin (55 ans).

٨ أيار / مايو - وفاة الرسام الفرنسي بول غوغان في جزر الأنتيل عن عمر ناهز الخامسة والخمسين

11 juin — Assassinat à Belgrade du roi et de la reine de la Serbie.

١١ حزيران / يونيو - اغتيال ملك وملكة صربية في مدينة بلغراد

19-24 juillet — 1er Tour de France cycliste.

١٩ - ٢٤ تموز / يوليو - سباق « تور دي فرانس » للدراجات الهوائية يجري للمرة الأولى

23 août — 6ème Congrès sioniste. Avis divergents ; les uns insistent pour un Etat juif en Palestine, d'autres font valoir qu'il faut "une terre sans peuple pour un peuple sans terre". Certains évoquaient l'Ouganda, d'autres la Corse.

٢٣ آب / أغسطس - انعقاد المؤتـمر الصهيوني السادس والآراء تختلف حول أهداف الصهيونية فالبعض يلح على أن يكون لليهود دولة في فلسطين بينما يقول الآخرون إنه يجب العثور على «أرض بلا شعب لشعب بلا أرض» وهو ما جعل بعض الإسرائيليين فيما بعد ينفون وجود شعب فلسطيني

1904

عام ألف وتسعمائة وأربعة

L'Entente cordiale entre la France et la Grande-Bretagne : signature d'une série d'accords pour coordonner leur politique coloniale.

سياسة الوفاق بين فرنسا وبريطانيا والتوقيع على سلسلة من الاتفاقات لتنسيق السياسات الاستعمارية القائـمة آنذاك كرد على جهود ألمانيا لعزل فرنسا بتحالفها مع النمسا-هنغاريا

Jean Jaurès fonde l'*Humanité*.

جان جوريس يؤسس صحيفة «لومانيتيه»

1905

7 janvier — 1ᵉʳ Noir américain nommé haut fonctionnaire. Le président républicain des USA Théodore Roosevelt réussit à convaincre un Sénat réticent à nommer un Noir à la tête de la douane en Caroline du Sud.

23 janvier — Environ mille morts dans une manifestation réprimée par les forces du tsar à Saint-Pétersbourg. Ce "Dimanche rouge" marque le début de la Révolution russe.

31 mars — L'empereur Guillaume II d'Allemagne visite le Maroc sur fond de rivalité avec la France, qui veut faire du Maroc un protectorat.

24 mars — Mort de Jules Verne (70 ans).

3 juillet — Loi de séparation de l'Eglise et de l'Etat (article 1 — la République assure la liberté de conscience. Elle garantit le libre exercice des cultes. / article 2 — la République ne reconnaît, ne salarie, ni ne subventionne aucun culte).

11 juillet — Mort au Caire de Muhammad Abduh (56 ans), grand juriste et réformateur égyptien.

La Norvège se sépare de la Suède.

عام ألف وتسعمائة وخمسة

٧ كانون الثاني / يناير - لأول مرة في تاريخ أمريكا يحتل أحد الزنوج منصباً إدارياً عالياً بعد أن نجح الرئيس الأمريكي الجمهوري ثيودور روزفلت في إقناع مجلس الشيوخ بتعيين رجل أسود على رأس إدارة الجمارك في ولاية كارولاينا الجنوبية وكان مجلس الشيوخ قد رفض هذا التعيين مرتين

٢٣ كانون الثاني / يناير - حوالي ألف قتيل في مظاهرة في مدينة سان بطرسبرغ الروسية تـم قمعها بشدة من قبل قوات القيصر في ما سمي بالأحد الدامي واعتبر بداية للثورة الروسية التي انتهت بسقوط القيصر وحلول الحكم الشيوعي سنة ١٩١٧

٣١ آذار / مارس - الإمبراطور الألماني غليوم الثاني يزور المغرب وسط أجواء من المنافسة الحادة بين ألمانيا وفرنسا وإسبانيا للسيطرة على بعض أنحاء شمال إفريقيا

٢٤ آذار / مارس - وفاة جول فرن (عاش ٧٠ عاماً)

٣ تموز / يوليو - «قانون الفصل بين الدين والدولة» الذي نص في مادته الأولى على أن الجمهورية تضمن حرية الوعي وتحمي حرية ممارسة العبادات والذي نص في مادته الثانية على أن الجمهورية لا تعترف بأي دين ولا توظف أياً من رجال الدين ولا تـمول أياً من الأديان ويعتبر هذا القانون ثورة كبرى في تاريخ فرنسا

١١ تموز / يوليو - وفاة الشيخ محمد عبده (٥٦ عاماً) وهو من كبار الفقهاء الإصلاحيين ودعاة التجديد في الدين الإسلامي

انفصال النرويج عن السويد

1906

31 mars — Catastrophe minière à Courrières (Pas de Calais) : 1200 victimes sur les 1800 mineurs présents dans la mine.

Recensement de la population en France: 39 millions.

18 avril — Séisme à San Francisco : environ 1000 morts.

22 octobre — Mort du peintre Paul Cézanne (77 ans).

24 décembre — Première diffusion radiophonique (USA).

1907

29 juillet — Le colonel Robert Baden-Powell fonde le mouvement scout dans le but d'apprendre aux jeunes les règles de survie.

4 septembre — Mort du compositeur norvégien Edvard Grieg (64 ans).

1908

21 juin — Mort du compositeur russe Rimski-Korsakov, auteur entre autres de

عام ألف وتسعمائة وستة

٣١ آذار / مارس - كارثة في منجم للفحم في مدينة كورير في شمال فرنسا أدت إلى وفاة ألف ومائتين من العاملين في المنجم من بين الألف والثمانمائة المتواجدين فيه أثناء الانفجار

إحصاء السكان في فرنسا يظهر أن عدد السكان هو تسعة وثلاثون مليون نسمة

١٨ نيسان / أبريل - زلزال في مدينة سان فرانسيسكو يؤدي إلى مقتل حوالي ألف شخص

٢٢ تشرين الأول / أكتوبر - وفاة الرسام الفرنسي بول سيزان (عاش ٧٧ عاماً)

٢٤ كانون الأول / ديسمبر - بث أول برنامج إذاعي على الهواء في الولايات المتحدة الأمريكية

عام ألف وتسعمائة وسبعة

٢٩ تموز / يوليو - الكولونيل (العقيد) البريطاني روبرت بادن باول (١٨٥٧-١٩٤١) يؤسس حركة الكشافة من أجل تعليم الأولاد فن مواجهة المخاطر من أجل البقاء على قيد الحياة

٤ أيلول / سبتمبر - وفاة الموسيقار النرويجي إيدفارد جريج (عاش ٦٤ عاماً)

عام ألف وتسعمائة وثمانية

٢١ حزيران / يونيو - وفاة الموسيقار الروسي رمسكي خورساكوف (عاش ٦٤ عاماً) وكان له أعمال كثيرة

Schéhérazade (64 ans).

28 décembre — Séisme à Messine (Italie du Sud) : plus de 84.000 morts.

1909

Crise dans les Balkans.

6 avril — L'explorateur américain Robert Peary au Pôle Nord.

25 juillet — Louis Blériot traverse la Manche en avion.

1910

6 mai — Mort d'Edouard VII d'Angleterre (69 ans). Avènement de George V qui était cousin germain de Nicolas II de Russie et de Guillaume II d'Allemagne et petit-fils de Victoria.

20 novembre — Mort de Léon Tolstoï (82 ans).

1911

Maroc — Crise franco-allemande.

22 août — Vol au Louvre : la Joconde

منها «شهرزاد»

٢٨ كانون الأول / ديسمبر - زلزال في مدينة مسينا الإيطالية يودي بحياة أكثر من ٨٤٠٠٠ نسمة

عام ألف وتسعمائة وتسعة

أزمة حادة في البلقان

٦ نيسان / أبريل - المستكشف الأمريكي روبرت بيري يصل إلى القطب الشمالي

٢٥ تموز / يوليو - الطيار الفرنسي لويس بليريو يعبر بطائرته بحر المانش إلى إنجلترا

عام ألف وتسعمائة وعشرة

٦ أيار / مايو - وفاة ملك إنجلترا إدوارد السابع عن عمر ناهز التاسعة والستين وتولي ابنه جورج الخامس العرش من بعده وعمره خمسة وأربعون عاماً وهو ابن عم نيقولا الثاني قيصر روسيا وغليوم الثاني إمبراطور ألمانيا وحفيد الملكة فكتوريا

٢٠ تشرين الثاني / نوفمبر - وفاة الكاتب الروسي ليون تولستوي عن عمر ناهز الثانية والثمانين

عام ألف وتسعمائة وأحد عشر

المغرب - أزمة بين فرنسا وألمانيا

٢٢ آب / أغسطس - سرقة لوحة الجوكوندا

disparue.	(الموناليزا) من متحف اللوفر بباريس
14 décembre — L'explorateur norvégien Roald Amundsen au Pôle Sud.	١٤ كانون الأول / ديسمبر - المستكشف النرويجي رولد أماندسين يصل إلى القطب الجنوبي

1912

عام ألف وتسعمائة واثني عشر

15 avril — Le Titanic coule avec 1513 passagers à bord.	١٥ نيسان / أبريل - سفينة التيتانيك تغرق وعلى متنها ١٥١٣ من المسافرين
28 avril — Lyautey nommé résident général au Maroc, devenu protectorat français.	٢٨ نيسان / أبريل - تعيين الجنرال ليوتي بـمنصب المقيم العام في المغرب بعد أن أصبح المغرب محمية فرنسية بترخيص من عصبة الأمم
1912-13 — Guerres dans les Balkans.	سنتا ١٩١٢ و١٩١٣ - حروب في منطقة البلقان

1913

عام ألف وتسعمائة وثلاثة عشر

Naissance de Hollywood comme centre de production cinématographique.	ولادة هوليوود في الولايات المتحدة الأمريكية كمركز للانتاج السينمائي
Loi de trois ans de service militaire pour les hommes en France à partir de l'âge de 20 ans.	صدور قانون الخدمة العسكرية في فرنسا لتجنيد كل من بلغ العشرين من عمره من الذكور ولمدة ثلاث سنوات
23 septembre — L'aviateur français Roland Garros traverse la Méditerranée de Saint-Raphaël en France à Bizerte en Tunisie.	٢٣ أيلول / سبتمبر - الطيار الفرنسي رولاند غاروس يعبر البحر الأبيض المتوسط بالطائرة من ميناء سان رافائيل في جنوب فرنسا إلى ميناء بنزرت الواقع في شمال تونس على ساحل المتوسط
13 décembre — La Joconde retrouvée à Florence en Italie. Elle est rendue au Louvre une semaine plus tard.	١٣ كانون الأول / ديسمبر - العثور على لوحة الجوكوندا (الموناليزا) في مدينة فلورنسا في إيطاليا وإعادتها إلى متحف اللوفر في فرنسا بعد أسبوع

1914

16 mars — L'épouse du ministre des finances Joseph Caillaux assassine le directeur du *Figaro* dans son bureau l'accusant de diffamer son mari. Elle sera acquittée. Son mari sera poursuivi plus tard pour espionnage au profit de l'Allemagne.

28 juin — Assassinat de l'Archiduc d'Autriche à Sarajevo.

23 juillet — L'Autriche lance un ultimatum à la Serbie.

25 juillet — La Russie soutient la Serbie.

28 juillet — L'Autriche déclare la guerre à la Serbie.

30 juillet — La Russie mobilise.

31 juillet — Assassinat dans un café parisien du socialiste Jean Jaurès (55 ans). / L'Allemagne lance un ultimatum à la Russie.

1er août — L'Allemagne déclare la guerre à la Russie.

2 août — La France mobilise.

3 août — L'Allemagne déclare la guerre à la France et envahit la Belgique et le Luxembourg.

عام ألف وتسعمائة وأربعة عشر

١٦ آذار / مارس - زوجة وزير المالية جوزيف كايو تغتال مدير صحيفة الفيجارو في مكتبه متهمة إياه بنشر الأكاذيب عن زوجها الراديكالي / المحكمة تعلن براءة السيدة كايو أما زوجها فقد اتهم فيما بعد (١٩١٧) بالتجسس لصالح العدو الألماني ثم أعيد إليه الاعتبار وشغل مناصب مهمة في الدولة وفي مجلس الشيوخ حتى وفاته عام ١٩٤٠

٢٨ حزيران / يونيو - اغتيال أرشيدوق النمسا وولي عهد الإمبراطور النمساوي في مدينة سراييفو

٢٣ تموز / يوليو - النمسا توجه إنذاراً نهائياً لصربيا مطالبة بتعويضات كبيرة بعد اغتيال الأرشيدوق

٢٥ تموز / يوليو - روسيا تعلن مساندتها لصربيا

٢٨ تموز / يوليو - النمسا تعلن الحرب على صربيا بتشجيع من ألمانيا

٣٠ تموز / يوليو - روسيا تعلن التعبئة العامة

٣١ تموز / يوليو - اغتيال الاشتراكي الفرنسي جان جوريس في مقهى في باريس عن عمر ناهز الخامسة والخمسين وكان من أكبر أعلام الحركة الاشتراكية في فرنسا / ألمانيا توجه إنذاراً نهائياً إلى روسيا

١ آب / أغسطس - ألمانيا تعلن الحرب على روسيا التي كانت حليفة لبريطانيا وفرنسا

٢ آب / أغسطس - فرنسا تعلن التعبئة العامة

٣ آب / أغسطس - ألمانيا تعلن الحرب على فرنسا وتغزو بلجيكا ولوكسمبورج وهما من البلدان التي تحالفت مع فرنسا وبريطانيا

4 août — Le Royaume-Uni déclare la guerre à l'Allemagne.

Ouverture du Canal de Panama.

16 décembre — Les Britanniques proclament leur protectorat sur l'Egypte. Le Khédive Abbass Hilmi est remplacé par un sultan — Hussayn Kâmil. Début d'une période agitée en Egypte.

1915

Génocide arménien : massacres et déportation par les Turcs ottomans.

Développement de la guerre sous-marine.

1916

Bataille de Verdun.

16 avril — Accords Sykes-Picot entre la Grande-Bretagne et la France pour le partage des provinces arabes de l'Empire ottoman.

Révolte irlandaise au jour de Pâques.

30 décembre — Assassinat de Raspoutine par des membres de la famille du tsar.

٤ آب / أغسطس - المملكة المتحدة تعلن الحرب على ألمانيا

افتتاح قناة باناما

١٦ كانون الأول / ديسمبر - بريطانيا تعلن أن مصر صارت محمية بريطانية / البريطانيون يعزلون الخديو عباس حلمي وينصبون بدله السلطان حسين كامل / بداية فترة من التوتر في مصر ومعارضة شعبية قوية للتواجد البريطاني فيها

عام ألف وتسعمائة وخمسة عشر

الأتراك يهجرون مئات الآلاف من الأرمن ويرتكبون مجازر بحقهم ويتسببون في موت الكثير منهم

تطور الغواصات كسلاح بحري

عام ألف وتسعمائة وستة عشر

معركة فردان

١٦ نيسان / أبريل - اتفاقات سايكس - بيكو بين بريطانيا العظمى وفرنسا لتقاسم الولايات العربية في الدولة العثمانية وهي الاتفاقات التي رسمت الحدود القائمة لحد الآن والمعترف بها عالمياً

ثورة في آيرلندا يوم عيد الفصح

٣٠ كانون الأول / ديسمبر - اغتيال الراهب راسبوتين على يد بعض أعضاء عائلة القيصر

1917

عام ألف وتسعمائة وسبعة عشر

Février-octobre — Révolutions russes aboutissant à la prise du pouvoir par les Bolchéviques le 16 novembre.

من شباط / فبراير إلى تشرين الأول / أكتوبر - الثورة في روسيا تؤدي إلى وصول البولشفية إلى الحكم في السادس عشر من تشرين الثاني / نوفمبر

10 mars — Les troupes britanniques entrent dans Bagdad.

١٠ آذار / مارس - القوات البريطانية تدخل مدينة بغداد (العاصمة العراقية الحالية)

Avril — Entrée en guerre des Etats-Unis.

نيسان / أبريل - دخول الولايات المتحدة الحرب

26 septembre — Mort du peintre Edgar Degas (83 ans).

٢٦ أيلول / سبتمبر - وفاة الرسام الفرنسي إدغار دغا وهو في الثالثة والثمانين من عمره

15 octobre — La danseuse Mata-Hari est fusillée pour espionnage au profit des Allemands, alors qu'elle prétendait le contraire.

١٥ تشرين الأول / أكتوبر - إعدام الراقصة ماتاهاري رمياً بالرصاص في ضاحية فانسين الباريسية بتهمة التجسس لصالح الألمان رغم ادعائها أنها بالعكس تتجسس لصالح الحلفاء

2 novembre — Déclaration Balfour (ministre britannique des affaires étrangères) promettant dans une lettre au Lord Rotschild l'installation d'un «home» juif en Palestine.

٢ تشرين الثاني / نوفمبر - تصريح وزير الخارجية البريطاني آرثر بلفور المسمى بـ «وعد بلفور» والذي يلتزم بإعطاء وطن لليهود في فلسطين وقد ورد ذلك في رسالة وجهها الوزير إلى اللورد روتشيلد ممول الحركة الصهيونية آنذاك

17 novembre — Mort à Meudon du sculpteur français Auguste Rodin (77 ans).

١٧ تشرين الثاني / نوفمبر - وفاة النحات الفرنسي أوغست رودان في ضاحية مدون الباريسية (عاش ٧٧ سنة)

1918

عام ألف وتسعمائة وثمانية عشر

8 janvier — Les "14 Points de Wilson" (message au Congrès).

٨ كانون الثاني / يناير - الرئيس الأمريكي ولسون يحدد في رسالة إلى الكونغرس «النقاط الـ ١٤»

15 janvier — Naissance de Nasser, futur

١٥ كانون الثاني / يناير - ولادة جمال عبد الناصر

président d'Egypte et grande figure du nationalisme arabe.

الذي أصبح فيما بعد رئيساً لمصر وأهم أعلام القومية العربية

17 juillet — Le tsar Nicolas II et sa famille exécutés.

١٧ تموز / يوليو - إعدام قيصر روسيا نيقولا الثاني وأفراد عائلته رمياً بالرصاص

Effondrement généralisé des troupes allemandes sur le front de l'ouest.

انهيار شامل للقوات الألمانية على الجبهة الغربية إزاء القوات البريطانية والفرنسية والأمريكية

9 novembre — L'empereur Guillaume II d'Allemagne abdique. La République est proclamée à Berlin.

٩ تشرين الثاني / نوفمبر - تنازل الإمبراطور الألماني غليوم الثاني عن العرش قبل استسلام بلاده بيومين وإعلان الجمهورية في برلين

10 novembre — Mort du poète français Guillaume Apollinaire (38 ans), des suites de ses blessures à la guerre.

١٠ تشرين الثاني / نوفمبر - وفاة الشاعر والكاتب الفرنسي غليوم أبولينير (عاش ٣٨ عاماً) متأثراً بجراحه أثناء الحرب

11 novembre — Armistice. Fin de la Première Guerre et victoire des Alliés.

١١ تشرين الثاني / نوفمبر - وقف القتال وانتهاء الحرب العالمية الأولى بانتصار الحلفاء

L'Alsace et la Lorraine redeviennent françaises.

إقليما الألزاس واللورين يعودان ثانية إلى فرنسا بعد أن ضمتهما ألمانيا إليها إثر انتصارها في حرب ١٨٧٠

25 décembre — Naissance d'Anouar as-Sadate, futur président d'Egypte.

٢٥ كانون الأول / ديسمبر - ولادة أنور السادات الذي أصبح فيما بعد رئيساً لمصر بعد عبد الناصر

1919

عام ألف وتسعمائة وتسعة عشر

Conférence de la Paix : ouverture à Versailles le 18 janvier. Traité signé le 28 juin créant la SDN (Société des Nations), l'ancêtre de l'ONU.

مؤتمر السلام يفتتح في فرساي قرب باريس في الثامن عشر من كانون الثاني / يناير وينتهي في الثامن والعشرين من حزيران / يونيو بتوقيع اتفاقية فرساي التي أسست « عصبة الأمم »

9 février — Premier vol commercial Paris-Londres.

٩ شباط / فبراير - أول رحلة جوية لأغراض تجارية بين باريس ولندن

4 mars — Fondation à Moscou de la IIIème Internationale, le Komintern.	٤ آذار / مارس - تأسيس الكومنترن (الأممية الثالثة) في مدينة موسكو
23 mars — Benito Mussolini fonde les *Fasci italiani di combattimento*, devenus par la suite le parti fasciste.	٢٣ آذار / مارس - بنيتو موسوليني يؤسس حركته «فصائل المقاتلين الإيطاليين» التي تحولت فيما بعد إلى الحزب الفاشي
8 avril — Genève est choisie comme siège de la Société des Nations.	٨ نيسان / أبريل - اختيار مدينة جنيف في سويسرا مقراً لعصبة الأمم
28 juin — Signature du traité de Versailles.	٢٨ حزيران / يونيو - التوقيع على معاهدة فرساي التي رسمت خريطة العالم غداة الحرب العالمية
5 août — Début du soulèvement militaire en Turquie mené par Mustafa Kemal.	٥ آب / أغسطس - بداية الانتفاضة العسكرية في تركيا بقيادة مصطفى كمال
20 octobre — Le Sénat américain vote la prohibition des boissons alcoolisées.	٢٠ تشرين الأول / أكتوبر - مجلس الشيوخ الأمريكي يصوت على قانون حظر المشروبات الكحولية
28 novembre — Election de Nancy Astor, première femme au parlement britannique.	٢٨ تشرين الثاني / نوفمبر - انتخاب أول امرأة في البرلمان البريطاني نانسي آستور وهي أمريكية الأصل وكانت مرشحة عن حزب المحافظين
3 décembre — Mort du peintre Auguste Renoir (78 ans).	٣ كانون الأول / ديسمبر - وفاة الرسام الفرنسي أوغست رينوار وعمره ثمانية وسبعون عاماً
La grippe espagnole s'étend dans le monde entier : elle aurait été responsable de millions de victimes et serait partie de Chine vers l'Amérique puis l'Europe...	وباء الإنفلونزا الإسبانية ينتشر في العالم أجمع ويؤدي إلى مقتل الملايين من البشر ويعتقد أن هذه الإنفلونزا ظهرت في الصين وانتقلت إلى أمريكا ومنها إلى أوربا ثم إلى المستعمرات

1920

عام ألف وتسعمائة وعشرين

Premiers "Journaux parlés" aux USA (1925 en France).

أول النشرات الإخبارية المذاعة عبر الراديو في الولايات المتحدة الأمريكية

24 janvier — Mort à Paris du peintre italien Amedeo Modigliani (36 ans).	٢٤ كانون الثاني / يناير - وفاة الرسام الإيطالي أميديو مودغلياني في باريس (عاش ٣٦ عاماً)
7 mars — Le Congrès national syrien vote l'indépendance de la Syrie et choisit Fayçal b. al-Husayn comme roi constitutionnel. La France tente de proclamer l'indépendance du Liban.	٧ آذار / مارس - المؤتمر الوطني السوري يعلن استقلال سورية ويختار فيصل بن الحسين ملكاً دستورياً على بلاد تمتد إلى الأردن وفلسطين بينما تحاول فرنسا إعلان استقلال إقليم لبنان وفرض نفوذها على سوريا تاركة الأردن وفلسطين لبريطانيا
23 avril — Le sultan Mehmet VI abdique. Mustafa Kemal est chef du gouvernement provisoire.	٢٣ نيسان / أبريل - السلطان محمد السادس يتنازل عن العرش بينما يصبح مصطفى كمال رئيساً للحكومة التركية المؤقتة
25 avril — La Syrie est placée sous mandat français par la conférence de San Remo (Italie).	٢٥ نيسان / أبريل - مؤتمر سان ريمو يجعل سورية محمية فرنسية إضافة إلى لبنان بينما يضع فلسطين والأردن تحت الحماية البريطانية
14 juin — Mort du sociologue et philosophe allemand Max Weber (56 ans).	١٤ حزيران / يونيو - وفاة عالم الاجتماع والفيلسوف الألماني ماكس فيبر (٥٦ سنة) وله دراسات معروفة عن البيروقراطية والرأسمالية والحداثة
24 juillet — L'armée française occupe Damas et Alep et en chasse Fayçal b. al-Husayn, que les Britanniques installent à la tête de l'Irak, où il fonde une petite dynastie qui dure jusqu'en 1958.	٢٤ تموز / يوليو - الجيش الفرنسي يحتل دمشق ويطرد منها فيصل بن الحسين الذي ينتقل إلى العراق وهو محمية بريطانية حيث يجلسه البريطانيون على العرش فيبقى ملكًا على البلاد ومن بعده ابنه غازي وحفيده فيصل حتى عام ١٩٥٨
1er août — Début de la campagne de désobéissance civile lancée par Gandhi.	١ آب / أغسطس - بداية حركة العصيان المدني التي دعا إليها المهاتما غاندي
20 août — Signature du Traité de Sèvres qui consacre la main mise de la France et de la Grande-Bretagne sur les provinces arabes de l'ancien empire ottoman.	٢٠ آب / أغسطس - التوقيع على معاهدة سيفر التي أكدت هيمنة بريطانيا وفرنسا على الأراضي العربية التي كانت ضمن الولايات العثمانية التي احتلوها أثناء الحرب العالمية الأولى
21 août — Fayçal 1er proclamé roi d'Irak.	٢١ آب / أغسطس - فيصل الأول ملكاً للعراق

21 novembre — "*Bloody Sunday*" à Dublin. L'Irish Republican Army exécute 14 membres des services secrets britanniques ; l'armée britannique tire sur les spectateurs dans un stade.

٢١ تشرين الثاني / نوفمبر - يوم « الأحد الدامي » في دبلن حيث أعدم الجيش الجمهوري الآيرلندي أربعة عشر فرداً من الأمن الخاص البريطاني فأطلق البريطانيون الرصاص على المتفرجين في ملعب رياضي فقتلوا أربعة عشر فرداً وجرحوا العشرات

23 décembre — Division de l'Irlande en deux parties, l'une indépendante dans le Sud, l'autre restant dans l'Union.

٢٣ كانون الأول / ديسمبر - تقسيم آيرلندا إلى بلدين أحدهما مستقل في الجنوب والآخر جزء من المملكة المتحدة

30 décembre — Fondation du Parti communiste français.

٣٠ كانون الأول / ديسمبر - تأسيس الحزب الشيوعي الفرنسي في باريس

1921

عام ألف وتسعمائة وواحد وعشرين

Charlie Chaplin réalise *The Kid*.

شارلي شابلن يخرج فيلم « الصبي »

21 février — Coup d'Etat du général Reza Khan en Iran qui impose une dicature militaire, sans déposer le chah, pour l'instant.

٢١ شباط / فبراير - الجنرال رضا خان يقوم بانقلاب في إيران ويفرض على البلاد حكماً دكتاتورياً دون أن يعزل الشاه ولكنه يتولى المنصب سنة ١٩٢٥ بعد أن عزل آخر شاه من سلالة القجار

5 juin — Mort de l'auteur de théâtre français Georges Feydeau (59 ans).

٥ حزيران / يونيو - وفاة الكاتب المسرحي الفرنسي جورج فيدو عن عمر ناهز التاسعة والخمسين

2 août — Mort à Naples du ténor italien Enrico Caruso (48 ans).

٢ آب / أغسطس - وفاة مغني الأوبرا الإيطالي أنريكو كاروزو في مدينة نابولي (عاش ٤٨ سنة)

19 septembre — Abdel Karim proclame la République du Rif, profitant de ses victoires militaires contre les Espagnols en juillet. Cette république tombera en 1926.

١٩ أيلول / سبتمبر - عبد الكريم الخطابي يعلن قيام جمهورية الريف بعد انتصاراته على القوات الإسبانية خلال شهر تـموز / يوليو السابق وهي جمهورية واجهت فيما بعد عداء الإسبان والفرنسيين حتى سقوطها عام ١٩٢٦

6 décembre — Indépendance de l'Irlande du Sud avec le statut de *dominion*.

٦ كانون الأول / ديسمبر - استقلال آيرلندا الجنوبية بصفة دومينيون التي تربطها ببريطانيا العظمى

1922

Fondation de l'URSS

28 février — Fin du protectorat anglais sur l'Egypte.

15 mars — Institution de la royauté en Egypte.

29 octobre — Mussolini premier ministre en Italie.

1er novembre — Proclamation de la République en Turquie. Déchéance du sultan Mehmet VI.

18 novembre — Mort de Marcel Proust (51 ans), auteur de *A la recherche du temps perdu*.

عام ألف وتسعمائة واثنين وعشرين

تأسيس الاتحاد السوفياتي

٢٨ شباط / فبراير - رفع الحماية البريطانية المفروضة على مصر

١٥ آذار / مارس - قيام الملكية في مصر وارتقاء فؤاد الأول العرش فيها

٢٩ تشرين الأول / أكتوبر - بينيتو موسوليني رئيس الحزب الفاشستي يتولى رئاسة الوزارة في إيطاليا

١ تشرين الثاني / نوفمبر - إعلان الجمهورية في تركيا وخلع السلطان محمد السادس وهو آخر سلاطين الدولة العثمانية التي دامت أكثر من ستة قرون

١٨ تشرين الثاني / نوفمبر - وفاة الكاتب الفرنسي مارسيل بروست (عاش ٥١ عاماً) صاحب «البحث عن الوقت الضائع»

1923

Tensions entre l'Allemagne et les Alliés à propos des réparations de guerre que l'Allemagne tarde à payer.

27-29 janvier — Premier congrès du parti national socialiste allemand à Munich.

عام ألف وتسعمائة وثلاثة وعشرين

توتر شديد بين ألمانيا والحلفاء حول مسألة التعويضات المالية التي كانت ألمانيا تماطل في دفعها للحلفاء بعد هزيمتها في الحرب العالمية الأولى

٢٧ - ٢٩ كانون الثاني / يناير - انعقاد أول مؤتمر للحزب القومي الاشتراكي الألماني في مدينة ميونخ

Juin — Faillite de l'économie allemande.	حزيران / يونيو - إفلاس الاقتصاد الألماني
1er septembre — Un séisme ravage Tokyo causant la mort de plus de 150.000 personnes.	١ أيلول / سبتمبر - زلزال شديد ينشر الدمار في مدينة طوكيو عاصمة اليابان ويؤدي إلى مقتل أكثر من مائة وخمسين ألف نسمة
10 septembre — Mort de Sayyid Darwîsh, compositeur et chanteur égyptien (31 ans).	١٠ أيلول / سبتمبر - وفاة السيد درويش الملحن والمغني المصري (عاش ٣١ عاماً) وهو من أكبر أعلام الموسيقى الشرقية القديمة
Première diffusion télévistuelle (USA).	أول بث تلفزيوني (الولايات المتحدة الأمريكية)
23 octobre — Ankara remplace Istanbul comme capitale de la Turquie.	٢٣ تشرين الأول / أكتوبر - مدينة أنقرة تصبح عاصمة لتركية بدل إسطنبول (الإستانة)
29 octobre — Mustafa Kémal président de la République turque.	٢٩ تشرين الأول / أكتوبر - مصطفى كمال يصبح رئيساً للجمهورية التركية
8 novembre — Tentative de coup d'Etat d'Adolf Hitler à Munich qui le conduit en détention pendant plusieurs mois.	٨ تشرين الثاني / نوفمبر - محاولة انقلابية في ألمانيا قام بها أدولف هتلر في ميونخ أدت به إلى السجن لعدة أشهر
28 décembre — Mort de l'ingénieur français Gustave Eiffel (91 ans) qui avait conçu la tour qui porte son nom.	٢٨ كانون الأول / ديسمبر - وفاة المهندس الفرنسي غوستاف إيفل وعمره واحد وتسعون عاماً وهو مصمم برج إيفل

1924

عام ألف وتسعمائة وأربعة وعشرين

21 janvier — Mort de Lénine.	٢١ كانون الثاني / يناير - وفاة لينين في موسكو
24 janvier — Les Travaillistes forment leur premier gouvernement en Angleterre. Retour aux affaires des Conservateurs le 4 novembre.	٢٤ كانون الثاني / يناير - تشكيل أول حكومة عمالية في بريطانيا لكنها لا تدوم طويلاً حيث يعود المحافظون إلى الحكم في الرابع من تشرين الثاني - نوفمبر وكان حزب العمال قد تأسس عام ١٨٩٩

4 mars — L'Assemblée nationale turque abolit le califat.

٤ آذار / مارس - المجلس الوطني التركي يعلن إلغاء الخلافة نهائياً

1er avril — Hitler est condamné à cinq ans d'emprisonnement. Il sera remis en liberté le 20 décembre. Durant sa détention, il rédigeait *Mein Kampf*.

١ نيسان / أبريل - الحكم على هتلر بالسجن خمس سنوات لكن سراحه يُطلق في العشرين من كانون الأول - ديسمبر وفي فترة سجنه هذه كتب كتابه الشهير «كفاحي»

3 juin — Mort à Vienne de l'écrivain tchèque Franz Kafka (40 ans).

٣ حزيران / يونيو - وفاة الكاتب التشيكي فرانز كافكا (عاش ٤٠ عاماً) في مدينة فيينا عاصمة النمسا

27 juillet — Fin des VIIème Jeux olympiques de Paris. 3075 participants dont 134 femmes.

٢٧ تموز / يوليو - نهاية الألعاب الأولمبية السابعة في مدينة باريس وكان عدد المشاركين فيها ٣٠٧٥ منهم مائة وأربع وثلاثون امرأة

12 octobre — Mort d'Anatole France (80 ans).

١٢ تشرين الأول / أكتوبر - وفاة الكاتب الفرنسي أناتول فرانس في الثمانين من عمره

29 novembre — Mort à Bruxelles du compositeur d'opéra italien Giacomo Puccini (66 ans).

٢٩ تشرين الثاني / نوفمبر - وفاة مؤلف الأوبرا الإيطالي جياكومو بوتشيني في مدينة بروكسل عاصمة بلجيكا عن عمر ناهز السادسة والستين

5 décembre — Ibn Saoud s'empare de Médine. Conformément à la doctrine wahabite, les mausolées sont détruits, à l'exception de celui du Prophète.

٥ كانون الأول / ديسمبر - ابن سعود يحتل مدينة المدينة في الحجاز وتقوم قواته عندها بتدمير أضرحة الصحابة حسب تعاليم المذهب الوهابي ولم يبق منها سوى ضريح النبي محمد

1925

عام ألف وتسعمائة وخمسة وعشرين

Premiers "Journaux parlés" en France (1920 aux USA).

أول نشرات الأخبار المذاعة على الهواء عبر الراديو في فرنسا بعد صدورها في أمريكا سنة ١٩٢٠

Charlie Chaplin réalise *The Gold Rush* (titre français : *La Ruée vers l'or*).

شارلي شابلن يخرج فيلم « حمى البحث عن الذهب » وهو واحد من أشهر أفلامه

18 juillet — Adolphe Hitler publie *Mein Kampf*.

١٨ تموز / يوليو - أدولف هتلر يصدر كتابه «كفاحي» وفيه نظرياته السياسية والعنصرية

14 octobre — Ibn Saoud s'empare de La Mecque.

١٤ تشرين الأول / أكتوبر - ابن سعود يستولي على مدينة مكة

31 octobre — Destitution de la dynastie des Qadjars en Iran. Reza Khan devient chah le 12 décembre.

٣١ تشرين الأول / أكتوبر - خلع السلالة القجارية التركية الأصل في إيران مما يفتح الطريق إلى انتخاب رضا خان عاهلاً جديداً بلقب شاهنشاه

1926

عام ألف وتسعمائة وستة وعشرين

8 janvier — Abdulaziz b. Saoud devient roi du Hijâz.

٨ كانون الثاني / يناير - عبد العزيز بن سعود يصبح ملكاً على الحجاز بعد استيلائه على مكة والمدينة

26 mai — Reddition d'Abd al-Karîm, fondateur de la République confédérée des tribus du Rif (juillet 1921).

٢٦ أيار / مايو - استسلام عبد الكريم الخطابي إثر انتصار الجيش الفرنسي عليه وهو الذي أسس جمهورية قبائل الريف الفدرالية سنة ١٩٢١

Nahhâs Pacha chef du Parti Wafd (Egypte).

مصطفى باشا النحاس يصبح رئيساً لحزب الوفد في مصر خلفاً لمؤسسه سعد زغلول

25 juillet — Fin du soulèvement des Druzes en Syrie-Liban.

٢٥ تموز / يوليو - انتهاء ثورة الدروز في جبل العرب في سورية ولبنان بقيادة سلطان باشا الأطرش

5 décembre — Mort du peintre français Claude Monet (86 ans).

٥ كانون الأول / ديسمبر - وفاة الرسام الانطباعي الفرنسي كلود مونيه في السادسة والثمانين من عمره

25 décembre — Hiro Hito devient empereur du japon.

٢٥ كانون الأول / ديسمبر - هيرو هيتو (٢٦ سنة) يصبح إمبراطوراً لليابان ليبدأ عهداً يدوم ٦٣ سنة

1927

عام ألف وتسعمائة وسبعة وعشرين

Janvier — Les Surréalistes Aragon, Breton et Eluard adhèrent au PCF.

كانون الثاني / يناير - السرياليون أراغون وبرتون وألوار ينضمون إلى الحزب الشيوعي الفرنسي

20-21 mai — Traversée de l'Atlantique en avion par l'aviateur américain Charles Lindberg.

٢٠ و٢١ أيار / مايو - الطيار الأمريكي تشارلز لندبرك يعبر المحيط الأطلسي وهو أول من ينجح في ذلك وقد أتت شهرته عليه بالفاجعة باختطاف ابنه

22 août — Exécution aux USA de deux anarchistes d'origine italienne, Sacco et Vanzetti : vague de protestations à travers le monde.

٢٢ آب / أغسطس - إعدام الفوضويين الإيطاليي الأصل ساكو وفانزيتي في بوسطن بتهمة قتل عاملين في شركة للأحذية مما أدى إلى موجة من الاحتجاجات لقلة الأدلة ولكون المحاكمة غير عادلة

23 octobre — *Jazz Singer*, premier film cent pour cent sonore projeté aux USA.

٢٣ تشرين الأول / أكتوبر - عرض فيلم «مغني الجاز» وهو أول فيلم غير صامت في أمريكا

18 novembre — Moullay Mohammad b. Youssef proclamé sultan du Maroc à Fèz.

١٨ تشرين الثاني / نوفمبر - محمد بن يوسف يصبح سلطاناً على المغرب في حفل أقيم في فاس

2 décembre — Trotski exclu du parti communiste russe.

٢ كانون الأول / ديسمبر - فصل تروتسكي من الحزب الشيوعي الروسي

1928

عام ألف وتسعمائة وثمانية وعشرين

20 février — La Transjordanie indépendante, avec comme chef le prince Abdullah b. al-Husayn, qui sera roi, avant d'être assassiné en 1951.

٢٠ شباط / فبراير - استقلال شرق الأردن كإمارة على رأسها الأمير عبد الله بن الحسين وهو أخو ملك العراق فيصل الأول وقد صار ملكاً فيما بعد واغتيل عام ١٩٥١

28 mars — Première communication téléphonique entre Paris et New York.

٢٨ آذار / مارس - أول اتصال تلفوني بين مدينتي باريس ونيويورك

Trotski est exilé. Staline contrôle le Parti communiste et devient le maître du pays.

تروتسكي في طريقه إلى المنفى بينما يفرض ستالين سيطرته على الحزب وعلى البلاد

25 juin — Le roi Fouad 1er d'Egypte limoge le Premier ministre Nahhas Pacha et fait réviser la constitution.

٢٥ حزيران / يونيو - ملك مصر فؤاد الأول يقيل مصطفى باشا النحاس ويطلب تعديل الدستور مما يؤدي بعد سنتين إلى تجميده خمس سنوات

19 septembre — Première apparition de Mickey Mouse à l'écran.

١٩ أيلول / سبتمبر - ميكي ماوس يظهر على الشاشة لأول مرة في الولايات المتحدة الأمريكية

1929

عام ألف وتسعمائة وتسعة وعشرين

Construction de la ligne Maginot.

تشييد خط ماجينو قرب الحدود بين فرنسا وألمانيا

29 janvier — Trotski expulsé d'URSS. Il arrive à Istanbul et demande l'asile à la France et à l'Allemagne. La France refuse.

٢٩ كانون الثاني / يناير - وصول تروتسكي إلى إسطنبول بعد نفيه من الاتحاد السوفياتي وطلبه اللجوء إلى فرنسا ألمانيا ورفض فرنسا لهذا الطلب في البداية

20 mars — Le général Foch (78 ans) meurt d'une crise cardiaque.

٢٠ آذار / مارس - وفاة الجنرال فوش (٧٨ عاماً) بأزمة قلبية وهو واحد من أشهر قادة الحرب الأولى

24 août — Violents affrontements à Jérusalem entre Juifs et Arabes devant le Mur des Lamentations, causant la mort de plus de 500 personnes.

٢٤ آب / أغسطس - مواجهات دامية بين اليهود والمسلمين في القدس قرب حائط المبكى (حوالي خمسمائة قتيل) بسبب الهجرة اليهودية المتزايدة إلى فلسطين ورفض الفلسطينيين للمشروع الصهيوني

5 septembre — Artistide Briand, président du Conseil, évoque la nécessité d'un projet fédéral instaurant les Etats-Unis d'Europe, à l'instar du modèle américain.

٥ أيلول / سبتمبر - رئيس الوزراء الفرنسي أرستيد بريان يشير إلى ضرورة مشروع فدرالي يقود إلى إقامة الولايات المتحدة الأوربية على غرار النموذج الأمريكي والفكرة قديـمة تبناها من قبل فكتور هوجو منذ سنة ١٨٤٩

Collectivisation des terres en URSS. Politique de planification.

الاتحاد السوفياتي يجعل الأراضي ملكاً جماعياً تديره الدولة ويتبنى سياسة تخطيطية

Début de la crise économique aux Etats-

بداية الأزمة الاقتصادية في الولايات المتحدة

Unis.

24 octobre — Krach à Wall Street. C'est le "Jeudi noir".

8 novembre — Albert Einstein reçoit à la Sorbonne le titre de docteur *honoris causa*.

23 novembre — Mort à Paris de Georges Clémenceau (88 ans), Président du Conseil durant la Première Guerre.

1930

3 avril — Avènement de l'empereur Haïlé-Sélassié (Ethiopie).

22 mai — La France dote la Syrie d'une constitution, rédigée par les Syriens sauf un article.

30 juin — Indépendance de l'Irak.

Juillet — Première Coupe du Monde de football gagnée par l'Uruguay pays organisateur qui bat l'Argentine en finale 4-2.

13 octobre — Scandale au parlement allemand où les députés nazis siègent en uniforme.

17 novembre — Débat à la Chambre des Communes sur la Palestine. Le Premier

ministre travailliste promet une politique équilibrée entre Juifs et Arabes, à la suite d'achats massifs de terres par les colons juifs.

رئيس الوزراء التزامه بسياسة معتدلة ومتوازنة بين اليهود والعرب وذلك بعد أن تردد أن المستوطنين اليهود يشترون الأراضي بأعداد كبيرة مما أثار غضب القوى السياسية الفلسطينية

1931

عام ألف وتسعمائة وواحد وثلاثين

Charlie Chaplin réalise *City Lights* (titre français : *Les Lumières de la ville*).

شارلي شابلن يخرج فيلم «أضواء المدينة» وموضوعه حب شاب فقير متشرد لشابة عمياء

Avril — Succès des républicains aux élections municipales en Espagne. République espagnole à Madrid et République catalane à Barcelone.

نيسان / أبريل - فوز الجمهوريين في الانتخابات البلدية في إسبانيا يؤدي إلى إقامة الجمهورية الإسبانية وعاصمتها في مدينة مدريد والجمهورية الكتالانية وعاصمتها في مدينة برشلونة

1932

عام ألف وتسعمائة واثنين وثلاثين

7 mai — Le président français Paul Doumer (75 ans) est assassiné par un anti-communiste russe. Albert Lebrun élu président, fontion qu'il assumera jusqu'en 1940.

٧ أيار / مايو - شاب روسي معاد للشيوعية يغتال الرئيس الفرنسي بول دومر (٧٥ سنة) بعد أقل من سنة على انتخابه وكان دومر من الحزب الراديكالي وقد خلفه اليميني ألبير لبران والذي بقي في منصبه إلى سنة ١٩٤٠

8 novembre — Election aux USA de Franklin Roosevelt, premier démocrate à la Maison-Blanche depuis 1860.

٨ تشرين الثاني / نوفمبر - انتخاب فرانكلين روزفلت على رئاسة الولايات المتحدة الأمريكية وهو أول ديـمقراطي في البيت الأبيض منذ سنة ١٨٦٠

14 octobre — Mort du célèbre poète égyptien Ahmad Shawqî (64 ans), surnommé "le Prince des poètes".

١٤ تشرين الأول / أكتوبر - وفاة الشاعر المصري الشهير أحمد شوقي في الرابعة والستين من عمره وقد لقب شوقي بلقب « أمير الشعراء »

1933

Grande famine.

30 janvier — Election d'Hitler comme chancelier en Allemagne qui reçoit les pleins pouvoirs.

28 février — Incendie criminel au Reichstag. Chasse aux communistes allemands. Restriction des libertés. Les intellectuels allemands commencent à quitter le pays pour les pays voisins, voire pour l'Amérique.

20 mars — Premiers camps de concentration, à Dachau et près de Berlin.

28 mars — Début de la persécution des Juifs allemands dont le nombre dépassait les 500.000.

10 mai — Les nazis brûlent les livres interdits en place publique.

21 juin — Le parti nazi devient parti unique en Allemagne.

25 juillet — Trotski réfugié en France et vit en résidence surveillée en Corse. Il sera expulsé le 17 avril 1934.

26 juillet — Loi sur la stérilisation en Allemagne en vue de "purifier la race allemande". Elle concerne les personnes souffrant d'un handicap, mais la liste des

عام ألف وتسعمائة وثلاثة وثلاثين

المجاعة تنتشر في أوربا وفي مناطق أخرى من العالم

٣٠ كانون الثاني / يناير - فوز هتلر في الانتخابات النيابية مما يؤدي إلى تعيينه بمنصب المستشار ثم حصوله على السلطة المطلقة

٢٨ شباط / فبراير - حريق متعمد في مجلس النواب الألماني الرايشتاج تتبعه حملة قمع شديد للشيوعيين وتقليص للحريات مما يدفع بالكثير من المثقفين الألمان إلى الهجرة إلى بلدان أخرى وخاصة البلدان المجاورة مثل فرنسا وبلجيكا وهولندا والدنمارك وبعضهم إلى أمريكا

٢٠ آذار / مارس - إنشاء أول المعسكرات المغلقة في داشو وقرب مدينة برلين

٢٨ آذار / مارس - بداية اضطهاد اليهود في ألمانيا وكان عدد اليهود الألمان عندها يزيد قليلاً عن ٥٠٠ ألف

١٠ أيار / مايو - النازيون يحرقون في الساحات بعض الكتب التي وضعوها على قائمة الممنوعات

٢١ حزيران / يونيو - الحزب النازي يصبح الحزب الوحيد المصرح به في ألمانيا

٢٥ تموز / يوليو - تروتسكي يحصل على اللجوء السياسي في فرنسا ويقيم في كورسيكا لكنه يطرد منها فيما بعد في ١٧ نيسان من السنة التالية

٢٦ تموز / يوليو - قانون التعقيم القسري في ألمانيا من أجل ما سمي بتنقية العنصر الألماني وذلك يخص كل من يعاني من عاهة جسدية وقد توسعت تدريجياً قائمة الحالات التي يشملها هذا القانون

"handicaps" s'est élargie par la suite.

العنصري

30 août — Naissance de la compagnie Air France.

٣٠ آب / أغسطس - ولادة شركة الخطوط الجوية الفرنسية

18 septembre — Ghazi 1er (21 ans) couronné roi d'Irak. Il succède à son père Fayçal 1er, mort le 8 septembre à 48 ans.

١٨ أيلول / سبتمبر - غازي الأول (٢١ سنة) يعتلي العرش في العراق خلفاً لوالده فيصل الأول الذي توفي في الثامنة والأربعين من عمره

14 octobre — L'Allemagne se retire de la Société des Nations, à laquelle elle avait adhéré en 1926.

١٤ تشرين الأول / أكتوبر - ألمانيا تنسحب من عصبة الأمم وقد كانت انضمت إليها سنة ١٩٢٦ بعد رفض متكرر من الدول الكبرى آنذاك

1934

عام ألف وتسعمائة وأربعة وثلاثين

6 février — Emeutes à Paris.

٦ شباط / فبراير - اضطرابات واسعة في باريس

2 mars — Création en Tunisie du Parti Néo-Dustûr dirigé par al-Habîb Bourguiba, qui sera le premier président de son pays après l'indépendance.

٢ آذار / مارس - تأسيس حزب الدستور الجديد في تونس بزعامة الحبيب بورقيبة وقد تمكن بورقيبة فيما بعد من الحصول على استقلال بلاده وأصبح أول رئيس للجمهورية فيها

29-30 juin — "Nuit des Longs Couteaux" en Allemagne. Elimination des SA et de nombreuses personnalités hostiles à Hitler.

ليلة ٣٠ حزيران / يونيو - «ليلة السكاكين الطويلة» في ألمانيا حيث قام الحرس الخاص بهتلر بتصفية القوات الخاصة لعدم وضوح ولائها لهتلر إضافة إلى شخصيات كثيرة كانت تعارض السياسة النازية

Aggravation du chômage aux USA.

ازدياد البطالة في الولايات المتحدة الأمريكية

6 novembre — Mao Tsé Toung entame la "Longue Marche", en direction de Pékin.

٦ تشرين الثاني / نوفمبر - ماوتسي تونج يبدأ مسيرته الكبرى باتجاه بكين

30 novembre — Le roi Fouad 1er

٣٠ تشرين الثاني / نوفمبر - ملك مصر فؤاد الأول

supprime la constitution et dissout le parlement. La constitution sera rétablie le 15 décembre 1935.

يلغي الدستور ويحل البرلمان ويعين محمد توفيق نسيم باشا رئيساً للوزراء بدل عبد الفتاح يحيى باشا وقد أعيد العمل بالدستور بعد سنة

27 décembre — La Perse s'appelle désormais Iran.

٢٧ كانون الأول / ديسمبر - الاسم الرسمي لبلاد فارس يصبح من الآن فصاعداً « إيران »

1935

عام ألف وتسعمائة وخمسة وثلاثين

30 avril — Réunion à Istanbul de l'Union internationale pour le droit de vote de la femme. La femme turque votait déjà (1930 pour les municipales et 1934 pour les législatives).

٣٠ نيسان / أبريل - « الاتحاد العالمي لحق المرأة في التصويت » يعقد اجتماعاً في مدينة إسطنبول التركية وقد منحت تركيا هذا الحق للمرأة منذ ١٩٣٠ (الانتخابات البلدية) و١٩٣٤ (الانتخابات النيابية) وكانت نيوزيلندا قد تبنت ذلك (١٨٩٣)

Réarmement en Allemagne. Crainte en Europe d'une nouvelle guerre.

سياسة التسلح في ألمانيا تثير المخاوف في أوربا من احتمالات قيام الحرب من جديد

2 mai — Signature au Quai d'Orsay du Pacte d'assistance franco-soviétique.

٢ أيار / مايو - التوقيع في وزارة الخارجية الفرنسية على اتفاق التعاون الفرنسي السوفياتي

Juillet — Naissance du Front populaire qui regroupe toutes les forces de gauche.

تموز / يوليو - ولادة الجبهة الشعبية في فرنسا التي جمعت كل القوى السياسية اليسارية

22 août — Mort en Egypte de Muhammad Rachid Rida (70 ans), figure importante du réformisme arabo-musulman et fondateur de la revue *Al-Manâr* dont le premier numéro date de mars 1898.

٢٢ آب / أغسطس - وفاة محمد رشيد رضا (٧٠ عاماً) وهو من أعلام الحركة الإصلاحية للدين والمجتمع العربي والإسلامي وهو أيضاً مؤسس مجلة المنار الإصلاحية التي صدر العدد الأول منها في شهر آذار - مارس سنة ١٨٩٨ وكان يسمى بصاحب المنار وكان أيضاً من تلاميذ الشيخ محمد عبده

15 septembre — Lois de Nuremberg officialisant la discrimination raciale en Allemagne.

١٥ أيلول / سبتمبر - قوانين نورمبرج تعطي صبغة رسمية لسياسة التمييز العنصري في ألمانيا المعادية لليهود والغجر وأقليات أخرى

3 octobre — L'Italie envahit l'Ethiopie à partir de ses colonies (Somalie et Erytrée) et met sept mois pour anéantir la résistance éthiopienne.

٣ تشرين الأول / أكتوبر - بداية الغزو الإيطالي لأثيوبيا انطلاقاً من المستعمرات الإيطالية المجاورة الصومال وأريتيريا وقد دامت الحملة سبعة أشهر وانتهت بسقوط أديس أبابا

13 novembre — Révolte en Egypte contre le gouvernement pro-britannique. Rétablissement de la Constitution de 1923.

١٣ تشرين الثاني / نوفمبر - انتفاضة معادية للبريطانيين في مصر أجبرت الملك على إلغاء دستور ١٩٣٠ وإعادة العمل بدستور ١٩٢٣ الذي اعتمد الملكية الدستورية

1936

عام ألف وتسعمائة وستة وثلاثين

Charlie Chaplin réalise *Modern Times* (titre français : *Les Temps modernes*).

شارلي شابلن يخرج فيلم «العصر الحديث» الذي انتقد فيه تبعات التطور الصناعي على حياة الإنسان

Axe Rome-Berlin.

تشكيل كتلة « المحور » (ألمانيا وإيطاليا)

20 janvier — Mort du roi George V d'Angleterre. Avènement d'Edouard VIII, qui abdique le 10 décembre laissant le trône à George VI.

٢٠ كانون الثاني / يناير - وفاة جورج الخامس ملك بريطانيا وارتقاء إدوارد الثامن العرش وقد تنازل هذا عن العرش في العاشر من كانون الأول - ديسمبر ليخلفه عليه جورج السادس

24 février — Mort du poète irakien Jamîl Sidqî az-Zahâwî (73 ans) dont l'oeuvre marquée par le positivisme prônait entre autres formes de progrès la libération de la femme, à commencer par l'abandon du voile, et sa participation à la vie publique, dans tous les domaines.

٢٤ شباط / فبراير - وفاة الشاعر العراقي جميل صدقي الزهاوي في الثالثة والسبعين من عمره ومن أبرز أعماله الشعرية « ثورة في الجحيم » وهي انتقاد للدين وكان يؤمن بضرورة تحرر المرأة ومن أشعاره عن الحجاب : «لا يقي عفة الفتاة حجاب / بل يقيها تثقيفها والعلوم» وقال عنه أيضاً : «مزقيه وأحرقيه بلا ريث / فقد كان حارساً كذابا»

28 avril — Fouad 1er d'Egypte meurt à 68 ans. Farouk 1er (16 ans) lui succède.

٢٨ نيسان / أبريل - وفاة ملك مصر فؤاد الأول (٦٨ عاماً) وابنه فاروق (١٦ عاماً) يخلفه على العرش

3 mai — Victoire électorale du Front

٣ أيار / مايو - فوز الجبهة الشعبية في فرنسا

populaire en France. Léon Blum président du Conseil (4 juin). Congés payés (15 j) et temps hebdomadaire de travail de 40 heures. Grèves à Paris et en provinces.

Juin — Affrontements entre Juifs et Arabes en Palestine. Près de 60.000 immigrés juifs sont arrivés dans le pays en 1935. Inquiétude chez les Arabes.

Juillet — Début de la guerre civile d'Espagne suite à différents soulèvements militaires. Les pays européens décident la non-ingérence dans les affaires espagnoles, mais des intellectuels viennent soutenir les républicains.

Août — Jeux olympiques de Berlin marqués par une forte propagande nazie.

28 août — Fin de l'occupation militaire de l'Egypte par l'Angleterre à l'exception de la zone du Canal du Suez, où des troupes restent jusqu'en 1956.

12 octobre — Révolte arabe en Palestine contre les Britanniques accusés de ne rien faire contre l'immigration juive clandestine.

18 novembre — Suicide du ministre de l'Intérieur Roger Salengro, suite à une campagne diffamatoire à son égard.

Août 1936 - mai 1938 — Procès de

Moscou.	موسكو التي أدت إلى تصفية منافسي ستالين

1937 — عام ألف وتسعمائة وسبعة وثلاثين

12 janvier — Le grand moufti de Jérusalem Amîn al-Husaynî réclame l'arrêt de l'immigration juive et l'interdiction de la vente des terres aux migrants juifs.	١٢ كانون الثاني / يناير - مفتي القدس الحاج أمين الحسيني يطالب بوقف الهجرة اليهودية إلى فلسطين وبحظر نقل ملكية الأراضي من العرب إلى اليهود القادمين من الخارج وقد صارت هذه المسألة في صلب الجدل السياسي فيما بعد
26 avril — Bombardement de la ville basque de Guernica par l'aviation allemande, venue soutenir les troupes de Franco (1654 morts).	٢٦ نيسان / أبريل - الطيران الحربي الألماني يقصف مدينة غارنيكا الباسكية الواقعة في شمال إسبانيا لمساعدة قوات فرانكو مما يتسبب في مقتل ألف وستمائة وأربع وخمسين شخصاً
21 juin — Démission de Léon Blum.	٢١ حزيران / يونيو - استقالة ليون بلوم
Septembre — Emeutes à Meknès puis à Marrakech (Maroc).	أيلول / سبتمبر - احتجاجات في مكناس ثم في مراكش ضد السياسة الفرنسية في المغرب
20 novembre — Grève générale en Tunisie.	٢٠ تشرين الثاني / نوفمبر - إضراب عام في تونس ضد السياسة الفرنسية في البلاد

1938 — عام ألف وتسعمائة وثمانية وثلاثين

12 mars — L'Allemagne occupe l'Autriche, puis l'annexe.	١٢ آذار / مارس - القوات الألمانية تحتل النمسا (مسقط رأس هتلر) وهتلر يعلن ضمها إلى ألمانيا
10 avril — Daladier succède à Blum comme président du Conseil.	١٠ نيسان / أبريل - دالادييه يخلف بلوم كرئيس للوزراء في فرنسا
14 octobre — Après de vives tensions, les autorités britanniques proclament	١٤ تشرين الأول / أكتوبر - سلطات الانتداب البريطانية تقرر تعليق الهجرة اليهودية إلى فلسطين

une suspension de l'immigration juive pendant deux ans.

لمدة سنتين وذلك بعد انتفاضات وثورات عدة منذ سنتين

29-30 octobre — Conférence de Munich dans laquelle l'Angleterre et la France cèdent aux exigences d'Hitler et de Mussolini en acceptant que l'Allemagne annexe une partie de la Tchécoslovaquie.

٢٩ و٣٠ تشرين الأول / أكتوبر - مؤتـمر ميونخ الذي خضعت فيه فرنسا وبريطانيا لمطالب هتلر وموسوليني ووافقتا على ضم جزء كبير من تشيكوسلوفاكيا إلى ألمانيا رغم وجود معاهدة بين فرنسا وتشيكوسلوفاكيا تضمن الحدود

9 novembre — Attaques systématiques contre les Juifs en Allemagne.

٩ تشرين الثاني / نوفمبر - هجمات منتظمة على اليهود في ألمانيا

10 novembre — Mort de Mustafa Kémal (57 ans). Ismet Inönü devient président de la République turque.

١٠ تشرين الثاني / نوفمبر - وفاة مصطفى كمال أتاتورك في السابعة والخمسين من عمره / عصمت إينِنوي يصبح رئيساً للجمهورية التركية

6 décembre — Signature à Paris d'un traité de bonne entente entre la France et l'Allemagne.

٦ كانون الأول / ديسمبر - التوقيع في باريس على معاهدة تفاهم بين فرنسا وألمانيا رغم السياسة التوسعية التي تـمارسها ألمانيا

1939

عام ألف وتسعمائة وتسعة وثلاثين

Janvier — Les nazis forcent les Juifs au départ.

كانون الثاني / يناير - النازيون يجبرون اليهود على الرحيل وسط سياسة تهديدية وعنصرية لا تحتمل

15 mars — Les Allemands entrent dans Prague.

١٥ آذار / مارس - القوات الألمانية تدخل مدينة براغ عاصمة تشيكوسلوفاكيا

4 avril — Mort dans un accident de voiture du roi d'Irak Ghâzî 1er (27 ans). La rumeur publique parle d'un accident organisé par les services secrets britanniques, qui craignaient les visées nationalistes du jeune roi et son

٤ نيسان / أبريل - وفاة ملك العراق غازي الأول (٢٧ سنة) في حادث غريب اصطدمت فيه سيارته بشجرة على طريق خال من السيارات وقد اتجهت اتهامات الرأي العام العراقي إلى بريطانيا لأنها لم تكن مرتاحة من ميول الملك الشاب القومية ونشاطه الإعلامي ضد مشروع إقامة دولة يهودية

opposition au sionisme.	في فلسطين
7 avril — Les Italiens envahissent l'Albanie.	٧ نيسان / أبريل - القوات الإيطالية تغزو ألبانيا عن طريق إنزال بحري
Avril — Fin de la guerre civile en Espagne.	نيسان / أبريل - نهاية الحرب الأهلية في إسبانيا بانتصار قوات فرانكو على القوات الجمهورية
20 août — Pacte de non-agression germano-soviétique.	٢٠ آب / أغسطس - معاهدة عدم الاعتداء بين ألمانيا والاتحاد السوفياتي
Début de la seconde guerre mondiale.	بداية الحرب العالمية الثانية
1er septembre — L'Allemagne envahit la Pologne.	١ أيلول / سبتمبر - ألمانيا توجه قواتها لتبدأ غزو بولندا فيكون ذلك بمثابة إعلان حرب شاملة
3 septembre — Le Royaume-Uni puis la France réagissent et déclarent la guerre à l'Allemagne.	٣ أيلول / سبتمبر - المملكة المتحدة تعلن الحرب على ألمانيا وتتبعها فرنسا كرد فعل على غزو ألمانيا لبولندا خلافاً لكل ما التزمت به ألمانيا مسبقاً
23 septembre — Mort à Londres du médecin et psychiatre autrichien Sigmund Freud (83 ans).	٢٣ أيلول / سبتمبر - وفاة الطبيب النفساني النمساوي سيجموند فرويد (٨٣ عاماً) في مدينة لندن حيث التجأ هرباً من القمع النازي
27 septembre — Capitulation de la Pologne.	٢٧ أيلول / سبتمبر - استسلام بولندا بعد أربعة أسابيع من بدء الغزو الألماني
30 novembre — L'URSS envahit la Finlande.	٣٠ تشرين الثاني / نوفمبر - الاتحاد السوفياتي يبدأ غزو فنلندا المجاورة له
15 décembre — Première projection du film de Victor Fleming *Gone with the Wind* (titre français : *Autant en emporte le vent*).	١٥ كانون الأول / ديسمبر - أول عرض لفيلم «ذهب مع الريح» الذي أخرجه فيكتور فليمنج والذي يروي قصة حب أثناء الحرب الأهلية الأمريكية بين الشمال الاتحادي والجنوب الانفصالي

1940

عام ألف وتسعمائة وأربعين

Charlie Chaplin parodie Hitler dans *The Great Dictator* (titre français : *Le Dictateur*).

شارلي شابلن يقلد هتلر في فيلم «الدكتاتور العظيم» ويلعب فيه دورين : دور هتلر ودور حلاق يهودي بسيط في معسكر وارشو المغلق

9 avril — Invasion du Danemark et de la Norvège par l'armée allemande.

٩ نيسان / أبريل - القوات الألمانية تبدأ غزو الدنمارك والنرويج

10 mai — Winston Churchill succède à Chamberlain comme premier ministre en Grande-Bretagne. Ce dernier paie le prix de sa naïveté face à Hitler. / Invasion par l'armée allemande des Pays-Bas, de la Belgique et du Luxembourg.

١٠ أيار / مايو - ونستون تشرشل يصبح رئيساً لوزراء بريطانيا بدلاً من تشمبرلين الذي دفع ثمن سذاجته تجاه هتلر في المفاوضات التي سبقت الحرب / القوات الألمانية تغزو هولندا وبلجيكا ولكسمبورج وتتجه إلى فرنسا متجنبة خط ماجينو ومستغلة نقاط الضعف فيه

10 juin — Déclaration de guerre de l'Italie à la France et à la Grande-Bretagne.

١٠ حزيران / يونيو - إيطاليا حليفة ألمانيا تعلن الحرب على فرنسا وبريطانيا العظمى بعد أن تقدمت القوات الألمانية في العمق الفرنسي

14 juin — Les troupes allemandes entrent dans Paris.

١٤ حزيران / يونيو - القوات الألمانية تدخل العاصمة الفرنسية باريس

16 juin — Le maréchal Pétain forme un nouveau gouvernement et demande l'armistice.

١٦ حزيران / يونيو - المارشال بيتان يشكل حكومة جديدة ويطلب وقف القتال بينما لم يكن كل القادة العسكريين مستعدين لذلك

18 juin — Charles de Gaulle lance de Londres un appel à la résistance face aux occupants.

١٨ حزيران / يونيو - الجنرال شارل ديغول يوجه نداء إذاعياً من لندن يدعو الجيش الفرنسي إلى مقاومة الاحتلال الألماني

10 juillet — Le maréchal Pétain fonde l'Etat français. Fin de la IIIème République.

١٠ تموز / يوليو - المارشال بيتان يعلن قيام « الدولة الفرنسية » مما يعني نهاية الجمهورية الثالثة

20 août — Assassinat de Trotski dans son

٢٠ آب / أغسطس - اغتيال ليون تروتسكي في

asile mexicain.

منفاه فـي المكسيك على يد سكرتيره الخاص

27 septembre — Pacte entre l'Allemagne, l'Italie et le Japon.

٢٧ أيلول / سبتمبر - معاهدة تحالف بين ألمانيا وإيطاليا واليابان

28 octobre — L'Italie envahit la Grèce.

٢٨ تشرين الأول / أكتوبر - إيطاليا تغزو اليونان

1941

عام ألف وتسعمائة وواحد وأربعين

6 avril — Invasion par l'armée allemande de la Yougoslavie et de la Grèce.

٦ نيسان / أبريل - القوات الألمانية تغزو يوغسلافيا واليونان لمساعدة إيطاليا في اليونان

10 avril — Rébellion anti-anglaise à Bagdad dirigé par Rashîd 'Âlî al-Gaylânî.

١٠ نيسان / أبريل - حركة تـمرد في بغداد في العراق ضد الإنجليز فيما سمي بحركة رشيد عالي الگيلاني

22 juin — L'armée allemande commence l'invasion de l'URSS.

٢٢ حزيران / يونيو - الجيوش الألمانية تبدأ غزو الاتحاد السوفياتي

16 septembre — Abdication du Chah d'Iran à la suite de l'invasion de son pays par les Soviétiques (Nord) et les Anglais (Sud) puis son départ en exil à l'Ile-Maurice puis en Afrique du Sud.

١٦ أيلول / سبتمبر - تنازل شاه إيران عن العرش لصالح ابنه بعد غزو بلاده من قبل السوفييت في الشمال والإنجليز في الجنوب من أجل تأمين وصول البترول الإيراني إلى قوات الطرفين وقد نفي الشاه إلى جزيرة موريس ثم إلى جنوب إفريقيا

27 novembre — Proclamation officielle de l'indépendance du Liban.

٢٧ تشرين الثاني / نوفمبر - الإعلان الرسمي لاستقلال لبنان وقيام الجمهورية اللبنانية

5 décembre — Défaite des troupes allemandes près de Moscou.

٥ كانون الأول / ديسمبر - هزيـمة الجيش الألماني قرب مدينة موسكو وسط موجة من البرد الشديد

7 décembre — Attaque japonaise surprise contre les forces américaines à Pearl-Harbor. La guerre éclate dans le Pacifique.

٧ كانون الأول / ديسمبر - هجوم ياباني مفاجئ على القوات الأمريكية المتواجدة في بيرل هاربر في المحيط الهادي مما أدى إلى دخول الولايات المتحدة الحرب إلى جانب الحلفاء

1942

عام ألف وتسعمائة واثنين وأربعين

1er janvier — Déclaration commune de Churchill et de Roosevelt pour la création après la guerre d'une organisation (ONU) garantissant la paix et la sécurité.

١ كانون الثاني / يناير - إعلان ثنائي مشترك بين تشرشل وروزفلت يدعوان فيه إلى تأسيس منظمة عالمية تضمن السلام والأمن وقد تحقق ذلك مع نهاية الحرب عام ١٩٤٥ بولادة هيئة الأمم المتحدة

24 mars — Le parti Wafd gagne les élections en Egypte.

٢٤ آذار / مارس - حزب الوفد يفوز بالانتخابات النيابية في مصر

Juillet — Rafles du Vel' d'Hiv' : arrestation de milliers de Juifs français à Paris (13152 ou 22000 selon les versions).

تموز / يوليو - توقيف الآلاف من اليهود الفرنسيين في باريس وترحيلهم إلى ألمانيا وعدد الموقوفين يتراوح حسب الروايات بين ١٣١٥٢ واثنين وعشرين ألفاً

8 novembre — Débarquement anglo-américain au Maroc et en Algérie.

٨ تشرين الثاني / نوفمبر - إنزال بريطاني أمريكي مشترك في المغرب والجزائر

Juillet-novembre — Bataille d'al-ᶜAlamayn (nord-Ouest de l'Egypte) : victoire des troupes anglaises dirigées par Montgomery sur les forces allemandes dirigées par Rommel.

من تموز إلى تشرين الثاني - معركة العلمين في شمال غرب مصر التي انتصرت فيها القوات الإنجليزية بقيادة الجنرال مونتجمري على القوات الألمانية التي كان يقودها الجنرال رومل والذي اضطر إلى الانسحاب بقواته إلى ليبيا ثم إلى تونس ثم إلى ألمانيا

16 novembre — les forces de l'Axe envahissent la Tunisie.

١٦ تشرين الثاني / نوفمبر - قوات المحور تغزو تونس

17 novembre — Le président de l'Etat français, maréchal Pétain, donne les pleins pouvoirs à Laval.

١٧ تشرين الثاني / نوفمبر - المارشال فيليب بيتان رئيس الدولة الفرنسية يمنح السلطة المطلقة لرئيس الحكومة لافال

27 novembre — Les Allemands occupent la zone libre. La flotte française se saborde à Toulon.

٢٧ تشرين الثاني / نوفمبر - الألمان يحتلون المنطقة الحرة التي كانت تديرها حكومة فيشي الفرنسية فيدمر الأسطول الفرنسي سفنه في تولون

22 décembre — Manifeste du Peuple

٢٢ كانون الأول / ديسمبر - البيان الأول للشعب

algérien par Ferhat Abbas.

الجزائري الذي أعلنه فرحات عباس

Nov 1942-Fév 1943 — Bataille de Stalingrad.

من تشرين الثاني ١٩٤٢ إلى شباط ١٩٤٣ - معارك ستالينجراد

1943

عام ألف وتسعمائة وثلاثة وأربعين

2 février — Capitulation de la 6ème armée allemande à Stalingrad.

٢ شباط / فبراير - استسلام الجيش السادس الألماني إزاء مدينة ستالينجراد

19 avril — Révolte du ghetto de Varsovie. Les SS écrasent la révolte et détruisent le ghetto (16 mai).

١٩ نيسان / أبريل - انتفاضة مخيم وارشو الذي جمع فيه الألمان اليهود البولنديين / قوات أس أس الألمانية الخاصة تسحق الانتفاضة بعد أقل من شهر

8 mai — L'Allemagne se retire d'Afrique du Nord.

٨ أيار / مايو - ألمانيا تنسحب من شمال إفريقيا بعد فشلها في ليبيا ومصر وتونس

15 mai — les troupes françaises à Tunis. Le Bey est révoqué pour sa collaboration avec les forces de l'Axe et exilé (France).

١٥ أيار / مايو - القوات الفرنسية تدخل تونس العاصمة وتخلع الباي محمد المنصف لتعاونه مع قوات المحور (ألمانيا وإيطاليا) وتنفيه إلى فرنسا

30 mai — De Gaulle quitte Londres pour Alger.

٣٠ أيار / مايو - ديغول يغادر لندن وينتقل إلى مدينة الجزائر

21 juin — Arrestation de Jean Moulin, grande figure de la résistance, à Caluire, près de Lyon.

٢١ حزيران / يونيو - القبض على جان مولان زعيم المقاومة الفرنسية أثناء اجتماعه بـمعاونيه في منطقة كالفير قرب ليون في عيادة أحد الأطباء

10 juillet — Débarquement allié en Sicile.

١٠ تموز / يوليو - إنزال لقوات الحلفاء في جزيرة صقلية الإيطالية

24 juillet — Hambourg rasée par l'aviation alliée (env. 30.000 morts).

٢٤ تموز / يوليو - القوات الجوية للحلفاء تدمر مدينة هامبورج تدميراً كاملاً (حوالي ٣٠٠٠٠ قتيل)

25 juillet — Mussolini limogé et

٢٥ تموز / يوليو - عزل موسوليني ووضعه قيد

emprisonné.

الحبس في روما

21 octobre — Rétablissement à Alger du décret Crémieux de 1870 naturalisant français les juifs d'Algérie, abrogé par Vichy en 1940.

٢١ تشرين الأول / أكتوبر - السلطات الفرنسية في الجزائر تعيد تطبيق قانون كريميه لسنة ١٨٧٠ والذي يمنح الجنسية الفرنسية لليهود الجزائرين دون المسلمين وهو قانون ألغته حكومة فيشي

22 novembre — La France reconnaît l'indépendance du Liban, après une épreuve de force avec le président libanais Bichara Khoury, que la France essayait en vain de limoger.

٢٢ تشرين الثاني / نوفمبر - فرنسا تعترف أخيراً باستقلال لبنان بعد أزمة حادة مع رئيس الجمهورية بشارة الخوري الذي حاول إلغاء بعض مواد الدستور المناقضة لروح الاستقلال وحاولت فرنسا عزله دون جدوى

25 novembre — Conférence des Alliés au Caire.

٢٥ تشرين الثاني / نوفمبر - مؤتمر الحلفاء في القاهرة بحضور تشرشل وروزفلت وجان كاي شيك

28 novembre — Conférence des Alliés à Téhéran.

٢٨ تشرين الثاني / نوفمبر - مؤتمر الحلفاء في طهران بحضور تشرشل وروزفلت وستالين

12 décembre — Discours de De Gaulle à Constantine où il est question d'intégration des musulmans d'Algérie.

١٢ كانون الأول / ديسمبر - خطاب ديغول في القسنطينة في الجزائر الذي لمح فيه إلى فكرة دمج المسلمين الجزائريين في الأمة الفرنسية

23 décembre — Création au Maroc du Parti al-Istiqlâl (Indépendance).

٢٣ كانون الأول / ديسمبر - تأسيس حزب الاستقلال في المغرب برئاسة علال الفاسي

1944

عام ألف وتسعمائة وأربعة وأربعين

8 avril — De Gaulle seul commandant des forces françaises libres.

٨ نيسان / أبريل - ديغول يصبح القائد الأعلى للقوات الفرنسية الحرة

3 juin — De Gaulle forme un gouvernement provisoire à Alger.

٣ حزيران / يونيو - ديغول يشكل حكومة فرنسية مؤقتة في الجزائر

4 juin — Les Alliés entrent dans Rome.

٤ حزيران / يونيو - الحلفاء يدخلون مدينة روما

6 juin — Débarquement anglo-américain en Normandie.

٩ حزيران / يونيو - إنزال مشترك للقوات البريطانية والأمريكية في ساحل نورماندي في فرنسا

10 juin — Les SS massacrent les habitants d'Oradour-sur-Glane, près de Limoges.

١٠ حزيران / يونيو - قوات أس أس الخاصة ترتكب مجزرة بشعة بقتل سكان قرية أورادور سور غلان قرب ليموج

20 juillet — Attentat manqué contre Hitler.

٢٠ تموز / يوليو - محاولة فاشلة لاغتيال هتلر بعد وضع قنبلة في غرفة العمليات العسكرية

22 juillet — Signature des accords de Bretton Woods, dans le New Hampshire aux Etats-Unis.

٢٢ تموز / يوليو - التوقيع على اتفاقات بريتون وودز التي حددت نظام الصرف العالمي لفترة ما بعد الحرب وهو نظام ظل قائماً إلى السبعينات

24 août — Libération de Paris par les troupes du Général Leclerc. Le lendemain, De Gaulle est sur les Champs-Elysées.

٢٤ آب / أغسطس - قوات الجنرال لكلير تحرر باريس وديغول يحضر في اليوم التالي مسيرة في الشانزلزيه ويقول : باريس انكسرت باريس تعذبت باريس انذلت لكن باريس تحررت

23 octobre — Les USA, la Grande-Bretagne et l'URSS reconnaissent officiellement le gouvernement du général de Gaulle.

٢٣ تشرين الأول / أكتوبر - اعتراف الولايات المتحدة الأمريكية وبريطانيا العظمى والاتحاد السوفييتي رسمياً بحكومة الجنرال ديغول على أنها الحكومة الشرعية الوحيدة لفرنسا

18 décembre — Premier numéro du journal *Le Monde*.

١٨ كانون الأول / ديسمبر - صدور العدد الأول من صحيفة اللوموند الفرنسية

1945

عام ألف وتسعمائة وخمسة وأربعين

4 février — Conférence de Yalta en Crimée réunissant Roosevelt, Staline et Churchill.

٤ شباط / فبراير - مؤتمر في شبه جزيرة القرم في المدينة الشاطئية يالطا بحضور تشرشل وروزفلت وستالين لتوزيع مناطق النفوذ بعد الحرب

22 mars — Création au Caire de la Ligue

٢٢ آذار / مارس - إنشاء جامعة الدول العربية في

des Pays arabes.	العاصمة المصرية القاهرة
12 avril — Mort de Roosevelt (63 ans). Truman lui succède.	١٢ نيسان / أبريل - وفاة روزفلت رئيس الولايات المتحدة الأمريكية (٦٣ سنة) ونائبه ترومان يخلفه
28 avril — Mussolini arrêté et fusillé (62 ans), alors qu'il essayait de fuir vers l'Allemagne.	٢٨ نيسان / أبريل - القبض على موسوليني (٦٢ سنة) وهو يحاول الفرار إلى ألمانيا ثم إعدامه رمياً بالرصاص
30 avril — Suicide d'Hitler (56 ans).	٣٠ نيسان / أبريل - انتحار هتلر (٥٦ عاماً)
8 mai — Capitulation sans condition de l'Allemagne.	٨ أيار / مايو - استسلام ألمانيا دون قيد أو شرط وقد تم التوقيع على وثيقة الاستسلام شمال باريس
Mai — Emeutes anti-françaises dans l'Est algérien, fortement réprimées (des milliers de morts), et en Syrie. L'armée britannique à Damas.	أيار / مايو - حركة احتجاجات معادية للفرنسيين في شرق الجزائر أدت إلى ما سمي بمجازر ٨ ماي (آلاف القتلى من الجزائريين) / حركة احتجاجات في سورية ضد فرنسا / الجيش البريطاني يحتل دمشق
26 juin — Création de l'ONU à l'issue de la Conférence de San Francisco.	٢٦ حزيران / يونيو - إنشاء منظمة الأمم المتحدة في مؤتمر سان فرانسيسكو
26 juillet — Défaite électorale de Churchill. Le travailliste Clement Attlee Premier ministre.	٢٦ تموز / يوليو - هزيمة انتخابية مفاجئة لتشرشل وحزب المحافظين البريطاني / الزعيم العمالي كليمنت أتلي يصبح رئيساً للوزراء
6 août — Bombe atomique américaine sur Hiroshima (130 mille morts).	٦ آب / أغسطس - أمريكا تلقي القنبلة الذرية على مدينة هيروشيما اليابانية ومقتل ١٣٠٠٠٠ نسمة
9 août — Bombe atomique américaine sur Nagasaki (80 mille morts).	٩ آب / أغسطس - القنبلة الذرية الأمريكية على مدينة ناجازاكي اليابانية ومقتل ٨٠٠٠٠ نسمة
15 août — Peine capitale pour Pétain commuée en détention à vie.	١٥ آب / أغسطس - الحكم بالإعدام على فيليب بيتان ثم تخفيف الحكم إلى السجن المؤبد
2 septembre — Capitulation sans condition du Japon. / Hô Chi Minh	٢ أيلول / سبتمبر - استسلام اليابان دون قيد أو شرط / هوشي منه يعلن في هانوي استقلال

proclame l'indépendance du Viêt-Nam, après la capitulation des Japonais.

الفييتنام بعد استسلام القوات اليابانية المتواجدة على أراضيها

4 octobre — Ordonnance instituant la Sécurité sociale en France.

٤ تشرين الأول / أكتوبر - قرار حكومي بوضع تأمين اجتماعي في فرنسا

Rapprochement Franco-Allemand.

تقارب بين ألمانيا وفرنسا

13 novembre — Création à Paris de l'Unesco.

١٣ تشرين الثاني / نوفمبر - تأسيس منظمة اليونسكو التابعة للأمم المتحدة ومقرها في باريس

21 novembre — Gouvernement du général de Gaulle (démission le 19 janvier 1946).

٢١ تشرين الثاني / نوفمبر - تشكيل الحكومة الفرنسية برئاسة الجنرال شارل ديغول وبمشاركة جميع القوى السياسية

29 novembre — Proclamation de la République populaire yougoslave.

٢٩ تشرين الثاني / نوفمبر - إعلان قيام الجمهورية الشعبية اليوغسلافية

Constitution allemande. Division de l'Allemagne en zones d'occupation.

الدستور الألماني الجديد / تقسيم ألمانيا إلى أربعة مناطق نفوذ وتقسيم برلين إلى أربعة مناطق نفوذ

Novembre 1945 - octobre 1946 — Procès de Nuremberg.

من تشرين الثاني / نوفمبر ١٩٤٥ إلى تشرين الأول / أكتوبر ١٩٤٦ - محاكمة نورمبرج

Décembre — Vague d'attentats sionistes contre les Britanniques en Palestine.

كانون الأول / ديسمبر - عمليات إرهابية يقوم بها الصهاينة ضد القوات البريطانية في فلسطين

1946

عام ألف وتسعمائة وستة وأربعين

19 janvier — Démission du gouvernement de de Gaulle.

١٩ كانون الثاني / يناير - استقالة ديغول من رئاسة الوزارة في فرنسا

10 février — Emeutes anti-anglaises au Caire et à Alexandrie.

١٠ شباط / فبراير - موجة احتجاجات ضد الإنجليز في القاهرة والإسكندرية

22 mars — Fin de l'évacuation du Liban par les troupes françaises. / La Grande-Bretagne accorde l'indépendance à la Transjordanie, tout en gardant un certain regard sur l'armée, jusqu'en 1957.

٢٢ آذار / مارس - استتمام جلاء القوات الفرنسية من لبنان / بريطانيا تمنح الاستقلال لشرق الأردن في إطار معاهدة فرضت قيادة بريطانية على الجيش الأردني وقد ظلت هذه المعاهدة نافذة المفعول حتى عام ١٩٥٧

28 mars — Nationalisation du gaz et de l'électricité en France, pour financer la reconstruction de la France.

٢٨ آذار / مارس - تأميم شركات الغاز والكهرباء في فرنسا من أجل المساعدة على إعادة تصنيع البلاد وإعمارها

18 avril — Dissolution à Genève de la Société des Nations. Elle avait été créée en 1919.

١٨ نيسان / أبريل - حل عصبة الأمم التي أنشئت سنة ١٩١٩ عقب الحرب العالمية الأولى والتي كان مقرها في جنيف

Plusieurs attentats perpétrés par des militants sionistes en Palestine. La Ligue arabe demande aux Etats-Unis et à l'Australie d'accueillir les réfugiés juifs au lieu de les laisser affluer vers la Palestine. A Jérusalem, un attentat vise le QG britannique : env. 100 morts.

عمليات إرهابية يرتكبها الصهاينة في فلسطين / الجامعة العربية تطلب من الولايات المتحدة وأستراليا إيواء اللاجئين اليهود بدل السماح لهم بالذهاب إلى فلسطين معتبرة أن أراضي كلا البلدين شاسعة وقادرة على استيعاب المزيد من السكان / هجوم إرهابي على مقر السلطات البريطانية في القدس يؤدي إلى مقتل حوالي مائة شخص

9 août — Farahât Abbas présente un projet d'une république autonome au sein de l'Union française.

٩ آب / أغسطس - فرحات عباس (١٨٩٩-١٩٨٥) زعيم حزب الاتحاد الديـمقراطي للبيان الجزائري يقترح إقامة جمهورية مستقلة ضمن اتحاد فرنسي

20 septembre — Premier Festival du Cinéma à Cannes.

٢٠ أيلول / سبتمبر - افتتاح مهرجان كان للسينما للمرة الأولى

13 octobre — Constitution de la IVème République en France.

١٣ تشرين الأول / أكتوبر - إعلان دستور الجمهورية الرابعة في فرنسا

20 décembre — Début de la Guerre d'Indochine, après la capitulation du Japon. La France essaie de reprendre le contrôle de la fédération.

٢٠ كانون الأول / ديسمبر - بداية الحرب في الهند الصينية حيث تحاول فرنسا استعادة سيطرتها على المنطقة بعد خروج اليابانيين منها رافضة استقلال فيتنام وسيطرة الشيوعيين عليها

1947

16 janvier — Vincent Auriol premier président de la IVème République.

1er mars — Loi martiale à Jérusalem. Les attentats sionistes se multiplient contre les forces britanniques pour permettre la poursuite de l'immigration clandestine de Juifs européens, alors que les Britanniques l'interdisent officiellement.

6 juin — Plan Marshall, aide des Etats-Unis pour la reconstruction de l'Europe occidentale.

Plan Jdanov, aide de l'URSS pour l'Europe de l'Est.

15 août — Indépendance de l'Inde, majoritairement hindouiste, et du Pakistan, à majorité musulmane.

16 novembre — Début du retrait britannique de la Palestine.

29 novembre — L'assemblée générale de l'ONU adopte le plan de partage de la Palestine, avec deux Etats, un pour les juifs, l'autre pour les Arabes, et un statut spécial pour Jérusalem, qui doit être administré par l'ONU. Les Arabes appellent ce partage et la défaite militaire qui l'a suivi : la nakba.

6 décembre — Mort du général Leclerc

عام ألف وتسعمائة وسبعة وأربعين

١٦ كانون الثاني / يناير - انتخاب فانسان أوريول ليصبح أول رئيس للجمهورية الفرنسية الرابعة

١ آذار / مارس - إعلان الأحكام العرفية في القدس حيث تتزايد الهجمات الإرهابية الصهيونية على القوات البريطانية من أجل تسهيل وصول المزيد من المهاجرين اليهود الأوربيين بشكل غير شرعي بينما كانت بريطانيا تحاول رسمياً وقف هذه الهجرة التي تثير غضب العرب

٦ حزيران / يونيو - الإعلان عن خطة مارشال التي تساعد فيها الولايات المتحدة الأمريكية على إعادة بناء دول أوربا الغربية

الإعلان عن خطة جدانوف التي يساعد فيها الاتحاد السوفياتي على إعادة بناء دول أوربا الشرقية

١٥ آب / أغسطس - إعلان استقلال الهند ذات الغالبية الهندوسية والباكستان ذات الغالبية المسلمة

١٦ تشرين الثاني / نوفمبر - بداية الانسحاب البريطاني من فلسطين

٢٩ تشرين الثاني / نوفمبر - المجلس العام للأمم المتحدة يتبنى خطة تقسيم فلسطين إلى دولتين الأولى لليهود والثانية للعرب مع صفة قانونية خاصة لمدينة القدس التي تبقى تحت الإدارة الدولية للأمم المتحدة وقد سمى العرب قرار التقسيم والهزيمة العسكرية التي تلته في ١٩٤٨ بالنكبة بينما سميت هزيمة حزيران - يونيو ١٩٦٧ بالنكسة

٦ كانون الأول / ديسمبر - وفاة الجنرال لكلير في

dans un accident d'avion en Algérie (45 ans).

الخامسة والأربعين من عمره في حادث سقوط طائرته في الجزائر قرب الحدود المغربية

De 1947 et jusqu'à fin des années 1980 — Etats-Unis et URSS s'affrontent sans actions militaires directes, mais par alliés interposés ; c'est la Guerre froide.

من عام ١٩٤٧ إلى نهاية الثمانينات - فترة الحرب الباردة بين الولايات المتحدة الأمريكية والاتحاد السوفياتي والتي أصبحت المواجهات العسكرية فيها تتم عبر دول العالم الثالث

1948

عام ألف وتسعمائة وثمانية وأربعين

30 janvier — Assassinat de Gandhi.

٣٠ كانون الثاني / يناير - اغتيال المهاتما غاندي

Guerre entre Arabes et Juifs en Palestine. Echec pour les forces arabes.

الحرب بين العرب الرافضين لتقسيم فلسطين واليهود الساعين إلى إنشاء دولتهم / هزيمة العرب

15 mai — Proclamation de l'Etat d'Israël.

١٥ أيار / مايو - إعلان قيام دولة إسرائيل

7 juin — Louis Lumière, inventeur avec son frère aîné Auguste du cinéma, est mort à 84 ans.

٧ حزيران / يونيو - وفاة لويس لومبير مخترع السينما مع أخيه أوغست (٨٤ عاماً) أما أوغست وهو الأخ الأكبر فقد توفي سنة ١٩٥٤ (٩٢ عاماً)

Août — Premiers JO d'après-guerre à Londres.

آب / أغسطس - عودة الألعاب الأولمبية بعد انتهاء الحرب وهي تنعقد هذه المرة في لندن

17 septembre — Assassinat par un Israélien à Jérusalem du comte Bernadotte (53 ans), médiateur de l'ONU entre pays arabes et Israël. Il était le neveu du roi de Suède et diplomate reconnu.

١٧ أيلول / سبتمبر - اغتيال مندوب الأمم المتحدة للتوسط بين إسرائيل والدول العربية الكونت فولك برنادوت (٥٣ سنة) في القدس على يد أحد الناشطين الصهاينة وكان برنادوت ابن أخي ملك السويد وكان دبلوماسياً معروفاً تمكن من تحرير آلاف اليهود من المعسكرات النازية أثناء الحرب

18 novembre — Le chah d'Iran répudie son épouse Fawziyya (sœur du roi d'Egypte) parce qu'elle ne peut lui donner

١٨ تشرين الثاني / نوفمبر - شاه إيران محمد رضا بهلوي يطلق زوجته فوزية لعدم إنجابها ولياً للعهد وفوزية هي أخت فاروق ملك مصر وقد تزوج

de descendance. L'épouse suivante, Thurayya, connaîtra le même sort.

الشاه بعدها من ثريا وطلقها أيضاً لعدم إنجابها ثم تزوج من فرح ديبا

8 décembre — Le mouvement des Frères musulmans d'Egypte est interdit par le gouvernement.

٨ كانون الأول / ديسمبر - الحكومة المصرية تعلن الحظر على جماعة الإخوان المسلمين بتهمة «التحريض على أمن الدولة»

28 décembre — Le Premier ministre égyptien, Nuqrâchî Pacha est assassiné. Les Frères musulmans accusés, puisque l'assassin est un étudiant et "frère".

٢٨ كانون الأول / ديسمبر - اغتيال رئيس الوزراء المصري محمود فهمي النقراشي باشا والاتهامات تتوجه إلى جماعة الإخوان المسلمين المحظورة لأن القاتل طالب من الإخوان

1948-1949 — Berlin théâtre d'affrontement entre URSS et Etats-Unis.

١٩٤٨-١٩٤٩ - برلين تصبح مسرحاً لمواجهات حادة بين الاتحاد السوفياتي والولايات المتحدة الأمريكية

1949

عام ألف وتسعمائة وتسعة وأربعين

12 février — Assassinat au Caire de Hassan al-Banna, fondateur des Frères musulmans.

١٢ شباط / فبراير - اغتيال حسن البنا (٤٣ سنة) في القاهرة وهو مؤسس جماعة الإخوان المسلمين وقد اتهمت الجماعة الحكومة بقتل زعيمها

4 avril — Naissance de l'OTAN, alliance militaire du camp occidental sous la direction des Etats-Unis.

٤ نيسان / أبريل - ولادة حلف شمال الأطلسي (حلف الناتو) وهو تحالف عسكري غربي بزعامة الولايات المتحدة الأمريكية

23 mai — Bonn devient la capitale de la République fédérale d'Allemagne (RFA).

٢٣ أيار / مايو - مدينة بون تصبح عاصمة لـجمهورية ألمانيا الاتحادية

27 mai — L'actrice américaine Rita Hayworth, ex-Madame Orson Welles, épouse l'Agha Khan. La cérémonie a lieu à la mairie de Vallauris, sur la Côte d'Azur. Après quatre ans de vie commune, la star revient au cinéma.

٢٥ أيار / مايو - الممثلة الأمريكية ريتا هيوارث (٣١ عاماً) مطلقة أورسون ويلس والتي كان عشاق السينما يلقبونها بلقب «إلهة الحب» تتزوج من الأغا خان في حفل أقيم في مدينة فالوريس الفرنسية على ساحل الآزور وقد دام هذا الزواج أربع سنين فقط عادت بعدها ريتا إلى عالم السينما

2 juin — La Transjordanie devient le Royaume hachémite de Jordanie.

٢ حزيران / يونيو - «شرق الأردن» يصبح «المملكة الأردنية الهاشمية»

14 août — Coup d'Etat en Syrie. Le président Husni az-Zaim est fusillé. Il est remplacé par Hachim al-Atassi.

١٤ آب / أغسطس - انقلاب في سورية يؤدي إلى إعدام الرئيس حسني الزعيم رمياً بالرصاص / هاشم الأتاسي يصبح رئيساً للجمهورية

1er octobre — Mao Tsé Toung président de la République Populaire de Chine.

١ تشرين الأول / أكتوبر - ماوتسي تونج يصبح رئيساً للجمهورية الشعبية الصينية

12 octobre — Création de la République démocratique allemande (RDA), avec Berlin comme capitale.

١٢ تشرين الأول / أكتوبر - إعلان قيام جمهورية ألمانيا الديمقراطية وعاصمتها في برلين وهي تعرف أيضاً بألمانيا الشرقية

27 octobre — Le boxeur français, né en Algérie, Marcel Cerdan (33 ans) meurt dans un accident d'avion. Il était champion du monde des poids moyens et amant d'Edith Piaf.

٢٧ تشرين الأول / أكتوبر - وفاة الملاكم الفرنسي مارسيل سردان (٣٣ عاماً) بعد سقوط الطائرة التي كانت تقله باتجاه أمريكا قرب جزر الأزور في المحيط الأطلسي وكان سردان بطل العالم للوزن المتوسط وعشيق المغنية أديت بياف

1950

عام ألف وتسعمائة وخمسين

21 janvier — Mort à Londres de George Orwell (47 ans), auteur de *1984*. Son vrai nom était Eric Arthur Blair.

٢١ كانون الثاني / يناير - وفاة الكاتب البريطاني جورج أرويل (أيريك آرثر بلير - ٤٧ عاماً) وهو مؤلف « ١٩٤٨ »

11 février — Création du SMIG en France qui est l'ancêtre du SMIC. Le premier était indexé sur les prix, le second tient aussi compte des salaires.

١١ شباط / فبراير - وضع حد أدنى للأجور في فرنسا يتم تحديده حسب معدل الأسعار وقد استبدل فيما بعد بنظام يأخذ أيضاً بنظر الاعتبار معدل الأجور

9 mai — Déclaration de Robert Schuman, ministre français des Affaires étrangères, proposant que la France et l'Allemagne

٩ أيار / مايو - تصريح روبير شومان وزير الخارجية الفرنسي الذي اقترح فيه إدارة مشتركة فرنسية ألمانية لاستغلال الفحم والفولاذ وهذا

gèrent en commun le charbon et l'acier.

1950-1953 — Guerre de Corée opposant les Américains aux communistes chinois.

2 novembre — Mort de l'auteur irlandais George Bernard Shaw (94 ans).

1951

Communauté européenne du charbon et de l'acier (CECA) regroupant l'Italie, la Belgique, les Pays-Bas et le Luxembourg. C'est le noyau de l'Europe nouvelle.

Janvier — Crise au Maroc entre le sultan Sidi Mohammad et le résident général français, qui demandait au sultan d'être clairement contre le parti d'al-Istiqlâl.

19 février — Mort à Paris d'André Gide (81 ans).

15 mars — Le parlement iranien vote la nationalisation de l'industrie pétrolière.

28 avril — Le Dr. Mossadegh Premier ministre en Iran.

Juillet — Débuts de la couleur à la télévision.

20 juillet — Assassinat de Abdullâh 1er, roi de Jordanie, à Jérusalem, en présence de son petit fils et futur roi Hussein.

التصريح يعد الخطوة الأولى في بناء الاتحاد الأوربي

من سنة ١٩٥٠ إلى سنة ١٩٥٣ - الحرب الكورية بين القوات الأمريكية والقوات الشيوعية الصينية

٢ تشرين الثاني / نوفمبر - وفاة الكاتب الآيرلندي جورج برنارد شو في الرابعة والتسعين من عمره

عام ألف وتسعمائة وواحد وخمسين

تشكيل المجموعة الأوربية المشتركة للفحم والفولاذ بعضوية إيطاليا وبلجيكا وهولندا ولوكسمبورج وهي النواة الأولى لأوربا الجديدة والتي أقامت فيما بعد سوقاً مشتركة ثم أقامت الاتحاد الأوربي الحالي

كانون الثاني / يناير - أزمة في المغرب بين السلطان سيدي محمد بن يوسف والجنرال جوان المقيم العام الفرنسي والذي طلب من السلطان الوقوف بصراحة ضد حزب الاستقلال

١٩ شباط / فبراير - وفاة أندريه جيد في باريس في الواحدة والثمانين من عمره

١٥ آذار / مارس - البرلمان الإيراني يصوت لصالح تأميم الصناعة البترولية في البلاد

٢٨ نيسان / أبريل - الدكتور مصدق يصبح رئيساً للوزراء في إيران

تموز / يوليو - بداية البث بالألوان على الشاشة الصغيرة

٢٠ تموز / يوليو - اغتيال الملك عبدالله الأول ملك الأردن في القدس على يد أحد الفلسطينيين وبحضور حفيده الحسين

16 août — L'acteur de théâtre Louis Jouvet (64 ans) meurt sur la scène pendant une répétition.

١٦ آب / أغسطس - وفاة الممثل المسرحي الفرنسي لويس جوفيه (٦٤ عاماً) أثناء التمرن على مسرحية جديدة ولجوفيه إضافة إلى المسرح أفلام عديدة

20 septembre — Le gouvernement suisse refuse d'accorder le droit de vote aux femmes.

٢٠ أيلول / سبتمبر - الحكومة السويسرية ترفض منح النساء حق التصويت في الانتخابات العامة ولم يتحقق ذلك إلا في بداية السبعينات

28 novembre — Coup d'Etat en Syrie. Le colonel al-Chîchaklî prend le pouvoir.

٢٨ تشرين الثاني / نوفمبر - انقلاب في سورية يمكن العقيد الشيشكلي من الاستيلاء على السلطة

29 novembre — Grève générale en Tunisie contre la présence française.

٢٩ تشرين الثاني / نوفمبر - إضراب عام في تونس احتجاجاً على تواجد القوات الفرنسية في البلاد

6 décembre — Etat d'urgence en Egypte à la suite d'une forte contestation contre la présence des troupes britanniques.

٦ كانون الأول / ديسمبر - إعلان حالة الطوارئ في مصر إثر احتجاجات شعبية شديدة ضد وجود القوات البريطانية في البلاد

24 décembre — Proclamation de l'indépendance de la Libye, devenu "royaume uni" (Tripolitaine, Cyrénaïque et Fezzan), avec deux capitales, Tripoli (hiver) et Benghazi (été).

٢٤ كانون الأول / ديسمبر - إعلان استقلال ليبيا التي تصبح مملكة تجمع أقاليم طرابلس وبنغازي وفزان يرأسها الملك محمد إدريس السنوسي وهو الملك الوحيد في تاريخ ليبيا وكان للمملكة عاصمتان هما طرابلس في الشتاء وبنغازي في الصيف

1952

عام ألف وتسعمائة واثنين وخمسين

17 janvier — Arrestation d'al-Habîb Bourguiba.

١٧ كانون الثاني / يناير - إلقاء القبض على الحبيب بورقيبة زعيم حزب الدستور الجديد التونسي

25 janvier — Le roi Farouk 1er d'Egypte limoge le Premier ministre Nahhâs Pacha, suite aux événements d'Ismâcîliyya, où une cinquantaine d'Egyptiens sont tués par les Britanniques.

٢٥ كانون الثاني / يناير - ملك مصر فاروق الأول يقيل مصطفى باشا النحاس من منصبه كرئيس للوزراء في مصر إثر المصادمات التي حدثت في الإسماعيلية بين القوات البريطانية والشرطة المصرية والتي قتل فيها حوالي خمسين مصرياً

6 février — Mort du roi de la Grande-Bretagne George VI (57 ans) et avènement d'Elisabeth II (26 ans).

٦ شباط / فبراير - وفاة ملك بريطانيا جورج السادس (٥٧ سنة) وبداية عهد الملكة أليزابيث الثانية (٢٦ عاماً)

1er juin — Le Vatican interdit aux fidèles la lecture de l'œuvre d'André Gide.

١ حزيران / يونيو - الفاتيكان يعلن حظر قراءة أعمال الكاتب الفرنسي أندريه جيد

23 juillet — Le roi Farouk d'Egypte contraint d'abdiquer et de quitter le pays. Le pouvoir aux mains des Officiers libres dont le chef est Muhammad Naguib.

٢٣ تموز / يوليو - ملك مصر يتنازل عن العرش ويغادر البلاد إلى المنفى والسلطة تنتقل إلى مجلس « الضباط الأحرار » برئاسة محمد نجيب وكان من بينهم جمال عبد الناصر وأنور السادات

31 juillet — Le Dr. Mossadegh, Premier ministre d'Iran, réduit les pouvoirs du chah.

٣١ تموز / يوليو - الدكتور مصدق رئيس وزراء إيران يقلص صلاحيات الشاه مما يجعل الأزمة تشتد بين إيران وبريطانيا وأمريكا

11 août — Le parlement jordanien dépose le roi Talâl et choisit son fils Hussein (16 ans) pour lui succéder, faisant valoir l'incapacité du roi à exercer sa fonction.

١١ آب / أغسطس - البرلمان الأردني يقرر عزل الملك طلال بن عبد الله وينقل السلطة إلى ابنه الحسين البالغ من العمر حينها ستة عشر عاماً وقد ظل هذا الحدث غامضاً إلى حد ما في تاريخ السياسة العربية

23 septembre — Démission du président libanais Bichâra al-Khûri. Camille Chamoun lui succède.

٢٣ أيلول / سبتمبر - استقالة الرئيس اللبناني بشارة الخوري إثر مظاهرات احتجاج شديدة واتهامه بالفساد وقد تولى كميل شمعون الرئاسة من بعده

16 octobre — L'Iran rompt ses relations diplomatiques avec la Grande-Bretagne.

١٦ تشرين الأول / أكتوبر - إيران تقطع علاقاتها الدبلوماسية مع بريطانيا العظمى

12 novembre — Le sultan Sidi Mohammed réclame la révision du traité de protectorat de 1912 avec la France.

١٢ تشرين الثاني / نوفمبر - السلطان سيدي محمد بن يوسف يطالب بإعادة النظر في معاهدة الحماية التي تربط المغرب بفرنسا

Décembre — Tensions au Maroc et en Tunisie.

كانون الأول / ديسمبر - توتر شديد في المغرب وتونس بين القوى الوطنية والسلطات الفرنسية

1953

5 mars — Mort de Staline (75 ans).

11 mai — Le parlement iranien décide d'exproprier le chah.

18 juin — Proclamation de la République en Egypte : Muhammad Naguib président et Gamal Abdulnasir (Nasser) Premier ministre.

16 août — Le chah d'Iran Muhammad Reza Pahlavi s'enfuit à Bagdad puis à Rome.

19 août — Chute de Mossadegh en Iran à la suite d'un coup d'Etat militaire aidé par la CIA. Retour du Chah de son exil.

20 août — La France destitue le sultan du Maroc Mohammed b. Youssef, jugé trop indépendantiste, et le remplace par son oncle Mohammed b. Arafa.

9 novembre — Mort de Abdulaziz b. Saoud (77 ans), roi fondateur d'Arabie saoudite.

Le McCarthisme aux USA : chasse aux sorcières contre les communistes.

23 décembre — René Coty élu président en France.

عام ألف وتسعمائة وثلاثة وخمسين

٥ آذار / مارس - وفاة ستالين (٧٥ سنة)

١١ أيار / مايو - البرلمان الإيراني يقرر الحجز على ممتلكات الشاه

١٨ حزيران / يونيو - إعلان الجمهورية في مصر وتعيين محمد نجيب رئيساً للجمهورية وجمال عبد الناصر رئيساً للوزراء وقد دام هذا ١٧ شهراً ثم أصبح عبد الناصر رئيساً للجمهورية

١٨ آب / أغسطس - شاه إيران محمد رضا بهلوي يفر من بلاده إلى بغداد ومنها ينتقل إلى روما ولكنه يعود بسرعة من منفاه

١٩ آب / أغسطس - سقوط حكومة مصدق في إيران إثر انقلاب عسكري خططت له وكالة المخابرات الأمريكية مما يسهل عودة الشاه

٢٠ آب / أغسطس - فرنسا تعزل سلطان المغرب محمد بن يوسف معتبرة إياه ذا ميول استقلالية وتنصب محله عمه محمد بن عرفة رغم قلة شعبيته فيزيد ذلك من شعبية السلطان المعزول

٩ تشرين الثاني / نوفمبر - وفاة عبد العزيز بن سعود مؤسس المملكة العربية السعودية (عاش ٧٧ سنة)

نشاط الشيخ الأمريكي ماكارثي ضد الشيوعيين فيما تطور إلى حملة قمع أزعجت حتى العسكريين

٢٣ كانون الثاني / ديسمبر - رينيه كوتي يصبح رئيساً للجمهورية في فرنسا

1954

عام ألف وتسعمائة وأربعة وخمسين

7 mai — Défaite française à Diên Biên Phu. La France renonce à l'Indochine.

٧ أيار / مايو - هزيمة القوات الفرنسية في ديان بيان فو وانسحاب فرنسا من الهند الصينية

15 juillet — Premier vol d'un Boeing 707, mais l'avion ne sera employé d'une manière régulière qu'en 1958.

١٥ تموز / يوليو - أول رحلة لطائرة بوينغ ٧٠٧ ورغم نجاح الرحلة فإن الطائرة لن تطير بشكل منتظم إلا عام ١٩٥٨

1er novembre — Début de l'insurrection en Algérie.

١ تشرين الثاني / نوفمبر - بداية الثورة الجزائرية ضد السلطة الفرنسية

13 novembre — Nasser remplace Naguib à la tête de l'Egypte.

١٣ تشرين الثاني / نوفمبر - جمال عبد الناصر يحل محل محمد نجيب كرئيس للجمهورية في مصر

26 novembre — Tentative d'assassinat à Alexandrie contre Nasser. Dissolution de la Confrérie des Frères musulmans en Egypte.

٢٦ تشرين الثاني / نوفمبر - محاولة اغتيال فاشلة ضد جمال عبد الناصر في مدينة الإسكندرية أثناء حفل سياسي / حل جماعة الإخوان المسلمين التي توجهت إليها التهم بالوقوف وراء محاولة الاغتيال

1954-1962 - Guerre coloniale en Algérie.

من سنة ١٩٥٤ إلى سنة ١٩٦٢ - الحرب في الجزائر

1955

عام ألف وتسعمائة وخمسة وخمسين

18 avril — Mort d'Albert Einstein (76 ans).

١٨ نيسان / أبريل - وفاة العالم ألبرت آينشتاين في السادسة والسبعين من عمره

18-26 avril — Conférence de Bandoung: 29 pays d'Afrique et d'Asie affirment leur non-alignement.

من ١٨ إلى ٢٤ نيسان / أبريل - انعقاد مؤتمر باندونج (إندونيسيا) لدول عدم الانحياز بمشاركة تسعة وعشرين بلداً إفريقياً وآسيوياً

14 mai — Naissance du Pacte de Varsovie.

١٤ أيار / مايو - ولادة حلف وارشو الذي ضم الاتحاد السوفياتي ودول أوربا الشرقية الشيوعية

30 septembre — Le sultan Mohammed

٣٠ أيلول / سبتمبر - السلطان محمد بن عرفة

b. Arafa abdique. Retour du sultan Mohammed b. Youssef. Cinq mois plus tard, ce dernier sera roi du Maroc.

يتنازل عن عرشه مما يسهل عودة السلطان محمد بن يوسف وقد أصبح السلطان محمد ملك المغرب عند استقلاله بعد خمسة أشهر

1956

عام ألف وتسعمائة وستة وخمسين

Tension continue en Algérie. Multiples actes de violence.

التوتر مستمر في الجزائر وأعمال العنف في تزايد مستمر بين الثوار والسلطة وفي المجتمع المدني

1er janvier — Indépendance du Soudan.

١ كانون الثاني / يناير - استقلال السودان

25 février — Ouverture XXème Congrès du Parti communiste soviétique et premières critiques du stalinisme.

٢٥ شباط / فبراير - افتتاح المؤتمر العشرين للحزب الشيوعي السوفياتي وفيه ظهرت ولأول مرة بعض الانتقادات لسياسة ستالين الاستبدادية في الحكم

2 mars — Indépendance du Maroc.

٢ آذار / مارس - استقلال المغرب

20 mars — Indépendance de la Tunisie (proclamation de la République le 25 juillet 1957).

٢٠ آذار / مارس - استقلال تونس ولكن إعلان قيام الجمهورية التونسية لم يتم إلا في الثالث من شهر تموز / يوليو من العام التالي

13 juin — Le Real Madrid gagne la première Coupe d'Europe de football en battant en finale, au Parc des Princes à Paris, le club français de Reims 4-3.

١٣ حزيران / يونيو - نادي ريال مدريد الإسباني يفوز بأول كأس لبطولة أوربا لكرة القدم بعد فوزه في المباراة النهائية في ملعب بارك دي برانس في باريس على نادي رامز الفرنسي ٤-٣

21 juillet — USA, GB et la Banque mondiale refusent de financer le barrage du Nil.

٢١ تموز / يوليو - الولايات المتحدة الأمريكية وبريطانيا العظمى والبنك العالمي ترفض تمويل بناء السد العالي على النيل في مصر

26 juillet — Nasser nationalise le Canal de Suez.

٢٦ تموز / يوليو - جمال عبد الناصر يعلن في خطاب شهير تأميم قناة السويس من أجل تمويل بناء السد

9 août — Interdiction de la polygamie en Tunisie.

٩ آب / أغسطس - الحكومة التونسية تقرر منع تعدد الزوجات

23 octobre — Début de l'insurrection hongroise. Les chars soviétiques à Budapest le 4 novembre. Fin de la révolte, avec des milliers de morts. Son chef, Imre Nagy, sera exécuté en 1958.

٢٣ تشرين الأول / أكتوبر - بداية الثورة في هنغاريا / الدبابات السوفياتية تدخل بودابست بعد أسبوعين وتقضي على الانتفاضة تاركة آلاف القتلى وقد حوكم زعيم الثوار إيـمري ناجي فيما بعد وتم إعدامه في ١٦ حزيران - يونيو ١٩٥٨

6 novembre — Expédition franco-britannique, avec appui israélien, sur le Canal de Suez. Double ultimatum soviétique et américain adressé à la France et à la Grande-Bretagne.

٦ تشرين الثاني / نوفمبر - حملة عسكرية فرنسية بريطانية مشتركة على مصر بمساندة إسرائيل تشمل قصف مدن القناة واحتلالها / إنذار سوفياتي وآخر أمريكي لفرنسا وبريطانيا يدفعان بالدول المعتدية إلى وقف القتال والانسحاب من المنطقة

6 décembre — Le Français Alain Mimoun gagne le marathon aux JO de Melbourne.

٦ كانون الأول / ديسمبر - فوز الفرنسي ألان ميمون بسباق الماراثون في الألعاب الأولمبية المقامة في مدينة ملبورن الأسترالية

4-24 décembre — Evacuation de Suez par les troupes franco-britanniques.

من ٤ إلى ٢٤ كانون الأول / ديسمبر - جلاء القوات البريطانية والفرنسية من منطقة قناة السويس

1957

عام ألف وتسعمائة وسبعة وخمسين

26 février — Le quotidien *l'Humanité* est saisi après la publication de témoignages de soldats français sur la torture en Algérie.

٢٦ شباط / فبراير - الحجز على النسخ المطبوعة من صحيفة لومانتيه الفرنسية بعد نشرها لإفادات بعض الشهود عن التعذيب الذي تمارسه القوات الفرنسية ضد الجزائريين

25 mars — Traité de Rome qui crée la Communauté économique européenne (CEE, remplacée en 1993 par la CE). Etats membres : France, Allemagne fédérale, Luxembourg, Italie, Belgique et Pays-Bas. La Grande-Bretagne, le Danemark et l'Irlande attendront 1973 pour y adhérer.

٢٥ آذار / مارس - معاهدة روما التي انبعثت عنها المجموعة الاقتصادية الأوربية والتي استمرت إلى سنة ١٩٩٣ لتحل محلها المجموعة الأوربية وكانت البلدان الأعضاء هي فرنسا وألمانيا الاتحادية ولوكسمبورج وإيطاليا وبلجيكا وهولندا ولم تلتحق بها بريطانيا إلا عام ١٩٧٣ مع الدنمارك وآيرلندا ثم انضمت إليها اليونان سنة ١٩٨١ وإسبانيا والبرتغال في ١٩٨٦

4 octobre — Lancement par l'URSS de *Spoutnik I*, premier satellite dans l'espace.

1958

1ᵉʳ février — Naissance de la République arabe unie (Egypte et Syrie). Cette union ne dure que trois ans, mais le nom sera conservé par l'Egypte jusqu'en 1971.

9 mai — Insurrection contre le président libanais Camille Chamoun, proche de l'Occident, dans un contexte régional agité.

4 juin — De Gaulle à Alger.

14 juillet — Les militaires renversent le roi d'Irak. Proclamation de la République. Abdulkarim Qâsim Premier Ministre.

15 juillet — Débarquement de marines au Liban (évacuation le 26 octobre), à la demande du président libanais, Camille Chamoun.

17 juillet — Intervention des paras anglais en Jordanie (évacuation le 2 novembre).

29 août — La Cour suprême des USA déclare illégale toute ségrégation dans les écoles.

٤ تشرين الأول / أكتوبر - الاتحاد السوفياتي يطلق صاروخاً فضائياً باسم سبوتنيك ١

عام ألف وتسعمائة وثمانية وخمسين

١ شباط / فبراير - ولادة «الجمهورية العربية المتحدة» عن اتحاد مصر وسورية وهو اتحاد دام ثلاث سنوات ولكن الاسم احتفظت به مصر إلى عام ١٩٧١

٩ أيار / مايو - تمرد على سلطة الرئيس اللبناني كميل شمعون بسبب تعارض ميوله للتحالف مع الغرب مع ميول المسلمين للتحالف مع العرب وخاصة بعد قيام الجمهورية العربية المتحدة

٤ حزيران / يونيو - ديغول يزور الجزائر العاصمة

١٤ تموز / يوليو - الجيش العراقي يستولي على السلطة في بغداد / إعلان الجمهورية وتعيين عبد الكريم قاسم رئيساً للوزراء إلى جانب مجلس رئاسي مكون من ثلاث شخصيات دون سلطة حقيقية

١٥ تموز / يوليو - إنزال للبحرية الأمريكية في لبنان بناءً على طلب من كميل شمعون وتخوفاً من تداعيات سقوط الملكية في العراق وقد انسحبت هذه القوات بعد ثلاثة أشهر

١٧ تموز / يوليو - إنزال جوي إنجليزي في الأردن وهو من تداعيات سقوط الملكية في العراق وقد بقيت هذه القوات في الأردن ١٥ أسبوعاً

٢٩ آب / أغسطس - المحكمة العليا في الولايات المتحدة الأمريكية تعتبر أي تمييز في المدارس مخالفاً للقانون

23 septembre — Fouad Chihab remplace Camille Chamoun à la tête du Liban.

٢٣ أيلول / سبتمبر - انتخاب فؤاد شهاب رئيساً للجمهورية اللبنانية خلفاً لكميل شمعون

28 septembre — Référendum en France favorable à la naissance de la Vème République.

٢٨ أيلول / سبتمبر - استفتاء على مشروع دستور الجمهورية الخامسة في فرنسا وقد وافق عليه ثمانون بالمائة من المصوتين

17 novembre — Coup d'Etat au Soudan. Le général Ibrahim Abboud prend le pouvoir et le garde six ans avant d'en être chassé par une révolte populaire.

١٧ تشرين الثاني / نوفمبر - انقلاب عسكري في السودان يـمكن الفريق إبراهيم عبود من السيطرة على الحكم وقد دام حكمه ست سنين وانتهى بثورة شعبية ضده

21 décembre — Election par un collège de 81.764 grands électeurs du général de Gaulle comme président de la République. Le scrutin sera par la suite universel.

٢١ كانون الأول / ديسمبر - انتخاب الجنرال ديغول رئيساً للجمهورية الفرنسية وقد شارك في التصويت ٨١٧٦٤ «ناخباً أكبر» من النواب وأعضاء المجالس الإقليمية والبلدية وقد أصبح التصويت فيما بعد لكافة السكان البالغين

1959

عام ألف وتسعمائة وتسعة وخمسين

1er janvier — Fidel Castro s'impose à Cuba. Le dictateur Batista en fuite.

١ كانون الثاني / يناير - فيدل كاسترو يستولي على السلطة في كوبا ويجبر الدكتاتور باتيستا على الفرار

2 février — Indira Gandhi élue présidente du Parti du Congrès.

٢ شباط / فبراير - انتخاب أنديرا غاندي رئيسةً لحزب المؤتمر الهندي

18 avril — Le quotidien *Le Monde* fait état de l'ouverture par l'armée française de camps "de regroupement" en Algérie, pour couper les contacts avec les insurgés.

١٨ نيسان / أبريل - صحيفة اللوموند الفرنسية تتحدث عن وجود معسكرات تجميع أقامها الجيش الفرنسي في الجزائر لمنع السكان من الاتصال بمجاهدي جبهة التحرير وقد أنكرت الحكومة وجود هذه المعسكرات

1960

سنة ألف وتسعمائة وستين

1er janvier — Entrée en vigueur du nouveau franc (NF). Chaque NF vaut 100 anciens francs.

١ كانون الثاني / يناير - الفرنك الفرنسي الجديد يحل محل الفرنك القديم بحيث أن كل فرنك جديد يساوي مائة فرنك قديم

4 janvier — Albert Camus meurt dans un accident de voiture (47 ans).

٤ كانون الثاني / يناير - وفاة ألبير كامو في حادث سيارة وهو في السابعة والأربعين من عمره

1er mars — Tremblement de terre à Agadir (Maroc) : douze mille morts.

١ آذار / مارس - زلزال في مدينة أغادير المغربية يؤدي إلى مقتل حوالي اثني عشر ألف نسمة

26 septembre — Premier débat télévisé à une élection présidentielle : Kennedy-Nixon.

٢٦ أيلول / سبتمبر - أول مناظرة تلفزيونية في الانتخابات الأمريكية تجمع بين المرشح الديمقراطي جون كندي والمرشح الجمهوري ريتشارد نيكسون

19 octobre — Embargo américain sur les exportations vers Cuba (levé en 2015).

١٩ تشرين الأول / أكتوبر - منع شامل في أمريكا للصادرات إلى كوبا وقد دام هذا الحصار إلى ٢٠١٥

9 novembre — John Kennedy (43 ans) élu président des Etats-Unis.

٩ تشرين الثاني / نوفمبر - فوز جون كندي (٤٣ سنة) في الانتخابات الرئاسية في الولايات المتحدة

28 novembre — Indépendance de la Mauritanie. Sa capitale s'établit à Nouakchott.

٢٨ تشرين الثاني / نوفمبر - استقلال موريتانيا عن فرنسا وانتقال عاصمتها من سان لويس (السنغال) إلى نواقشوط

1961

عام ألف وتسعمائة وواحد وستين

13 février — L'ancien Premier ministre congolais Patrice Lumumba (36 ans) est assassiné par les hommes de son rival Moïse Tschombé.

١٣ شباط / فبراير - اغتيال رئيس وزراء الكونغو باتريس لومومبا (٣٦ سنة) على يد أعوان منافسه موريس تشومبي وقد أصبح لومومبا فيما بعد من رموز الثورات ذات الميول الاشتراكية في العالم الثالث

26 février — Mort du roi Mohammed V du Maroc (52 ans). Avènement d'Hassan

٢٦ شباط / فبراير - وفاة ملك المغرب محمد الخامس في الثانية والخمسين من عمره وقد ارتقى

II (32 ans), son fils aîné.	العرش من بعده ابنه الحسن الثاني (٣٢ سنة)
12 avril — Le Russe Youri Gagarine, premier homme dans l'espace autour de la Terre.	١٢ نيسان / أبريل - أول رحلة للإنسان في الفضاء يقوم بها الروسي يوري غاغارين في دورة حول الأرض
17 avril — Débarquement manqué à Cuba des anticastristes encadrés par la CIA.	١٧ نيسان / أبريل - فشل ذريع لإنزال بحري في كوبا قام به الكوبيون المعارضون لكاسترو بمساعدة وكالة المخابرات الأمريكية في « خليج الخنازير »
22-26 avril — Putsch des généraux à Alger, qui luttaient pour une Algérie française.	٢٢-٢٦ نيسان / أبريل - انقلاب الجنرالات في الجزائر العاصمة وهو حركة كانت تطالب ببقاء الجزائر فرنسيةً
19 juin — Fin du protectorat britannique au Koweït, qui devient un Etat ayant pour chef un émir. L'Irak revendique sa souveraineté sur l'émirat.	١٩ حزيران / يونيو - نهاية الحماية البريطانية على الكويت وقيام دولة الكويت وعلى رأسها أمير للبلاد / العراق يطالب بضم الكويت إليه باعتبارها جزءاً منه فصله الإنجليز
1er juillet — Débarquement de troupes britanniques au Koweït.	١ تموز / يوليو - وصول قوات بريطانية إلى الكويت بناء على طلب الأمير وذلك لمواجهة التهديد العراقي
28 septembre — Coup d'Etat en Syrie. Séparation en vue au sein de la RAU.	٢٨ أيلول / سبتمبر - انقلاب في سورية على يد المعارضين للوحدة مع مصر
17-20 octobre — Manifestations d'Algériens à Paris. Sévère répression et polémique sur le nombre des victimes qui serait de plusieurs dizaines de morts, pour la plupart jetés dans la Seine. Le préfet de Paris, Maurice Papon, réfute les accusations.	١٧-٢٠ تشرين الأول / أكتوبر - الجزائريون المقيمون في باريس يتظاهرون لتأييد الاستقلال ويواجهون قمعاً شديداً من قوات الشرطة مات بسببه الكثيرون ولا يزال الجدل قائماً حول عدد الضحايا والذي يرتفع حسب بعض الروايات إلى العشرات بعد أن رُمي عدد من المتظاهرين إلى نهر السين
Août — Erection du Mur de Berlin (en place jusqu'au 9 novembre 1989).	آب / أغسطس - إنشاء جدار برلين لفصل المنطقة الشرقية (الشيوعية) عن المنطقة الغربية

1962

1ᵉʳ janvier — La maison de disques *Decca* ne croit pas au succès d'un nouveau groupe nommé *The Beatles*. Le groupe décide de s'autoproduire.

Plusieurs attentats de l'OAS en France et en Algérie.

19 mars — Signature des accords d'Evian et cessez-le-feu en Algérie.

7 avril — Référendum sur les Accords d'Evian, approuvés par 90,7 % des suffrages exprimés.

14 avril — Le Premier ministre Michel Debré démissionne pour protester contre les élections anticipées voulues par de Gaulle. Georges Pompidou le remplace.

21 avril — Début de l'exode des Européens d'Algérie.

3 juillet — Proclamation de l'indépendance de l'Algérie, au lendemain d'un référendum en Algérie.

5 août — Mort de l'actrice américaine Marilyn Monroe (36 ans).

22 août — Attentat manqué contre de Gaulle en banlieue parisienne.

27 septembre — Les militaires

عام ألف وتسعمائة واثنين وستين

١ كانون الثاني / يناير - شركة الأسطوانات الموسيقية «دكا» ترفض تبني فرقة جديدة اسمها «الخنافس» (البيتلز) مما يدفع بالمجموعة إلى إصدار أعمالها بنفسها دون اللجوء إلى شركة

عدة عمليات إرهابية تقوم بها «منظمة الجيش السري» في فرنسا وفي الجزائر

١٩ آذار / مارس - التوقيع على اتفاقات إيفيان ووقف إطلاق النار في الجزائر

٧ نيسان / أبريل - استفتاء يوافق فيه ٩٠ بالمائة من الفرنسيين على اتفاقات إيفيان التي كانت تعني استقلال الجزائر

١٤ نيسان / أبريل - استقالة رئيس وزراء فرنسا ميشال دبريه احتجاجاً على رغبة ديغول بتنظيم انتخابات مبكرة / جورج بومبيدو يشكل الحكومة الجديدة

٢١ نيسان / أبريل - بداية الهجرة الجماعية للأوربيين المقيمين في الجزائر

٣ تموز / يوليو - إعلان استقلال الجزائر غداة استفتاء حق تقرير المصير والذي وافقت فيه أغلبية ساحقة على الاستقلال

٥ آب / أغسطس - وفاة الممثلة الأمريكية مارلين مونرو وهي في السادسة والثلاثين من عمرها

٢٢ آب / أغسطس - محاولة فاشلة لاغتيال الرئيس الفرنسي شارل ديغول في إحدى ضواحي باريس

٢٧ أيلول / سبتمبر - الجيش اليمني يعلن

proclament la République au Yémen. Début de la guerre civile. Soutien militaire de l'armée égyptienne aux républicains. Tandis que l'Imam reçoit l'aide d'autres pays.

الجمهورية في اليمن / عبد الله السلال يصبح رئيس الجمهورية / بداية الحرب الأهلية / مصر ترسل قوات عسكرية بقيادة عبد الحكيم عامر لمساندة الجمهوريين بينما يحصل الإمام على مساندة العربية السعودية وبريطانيا وإسرائيل

29 septembre — L'Assemblée nationale algérienne élit comme président de la république Ahmed Ben Bella, fonction qu'il occupera trois ans.

٢٩ أيلول / سبتمبر - المجلس الوطني الجزائري ينتخب أحمد بن بلا رئيساً للجمهورية وقد بقي بن بلا بهذا المنصب ثلاث سنوات ثم قضى سنين طويلة في الإقامة الجبرية

Octobre — Crise des missiles soviétiques à Cuba. / Le film américain *Le Jour le plus long*, qui relate le débarquement en Normandie, connaît un succès planétaire.

تشرين الأول / أكتوبر - أزمة الصواريخ في كوبا بين الاتحاد السوفياتي والولايات المتحدة الأمريكية / الفيلم الأمريكي «أطول يوم في التاريخ» يلاقي نجاحاً كبيراً

1963

عام ألف وتسعمائة وثلاثة وستين

8 février — Coup d'Etat sanglant en Irak. Le Parti Baath s'empare du pouvoir (jusqu'au 18 novembre). Le général Qassim et ses principaux collaborateurs sont fusillés dans les studios de la télévision irakienne. Sanglante répression contre les communistes accomplie surtout par la Garde nationale, bras armé du Parti Baath. Environ cinq mille morts en neuf mois.

٨ شباط / فبراير - انقلاب دموي في العراق / حزب البعث يستولي على السلطة مدة تسعة أشهر / رئيس الوزراء عبد الكريم قاسم وأقرب مساعديه يقتلون رمياً بالرصاص في ستوديوهات التلفزيون العراقي في اليوم التالي للانقلاب وتبث صور المجزرة على الشاشة لدفع مؤيديه إلى وقف القتال / قمع دموي للشيوعيين يقوم به الحرس القومي البعثي يؤدي إلى مقتل حوالي خمسة آلاف شخص مما يسهل على عبد السلام عارف تنظيم انقلاب عسكري جديد في ١١/١٨

8 mars — Coup d'Etat en Syrie. Le Parti Baath au pouvoir.

٨ آذار / مارس - انقلاب عسكري في سورية يقوم به حزب البعث

17 avril — Proclamation en Egypte d'une nouvelle "République arabe unie"

١٧ نيسان / أبريل - الإعلان في مصر عن مشروع لجمهورية عربية متحدة تضم مصر وسورية

regroupant l'Egypte, l'Irak et la Syrie. Le projet restera lettre morte à cause des divergences vite constatées entre Nasser et le Parti Baath..

والعراق وقد بقي هذا المشروع حبراً على ورق بسبب الخلافات التي ظهرت بسرعة بين عبد الناصر وحزب البعث الذي اتبع طريق العنف وخاصة في العراق

25 mai — Création de l'Organisation de l'Unité Africaine (OUA), qui deviendra en 2002 l'Union africaine.

٢٥ أيار / مايو - ولادة منظمة الوحدة الإفريقية في أديس أبابا وقد تغير اسم المنظمة سنة ٢٠٠٢ إلى الاتحاد الإفريقي

Juin — Mise en place d'une "ligne rouge" entre la Maison-Blanche et le Kremlin, pour prévenir un conflit majeur en cas de crise grave.

حزيران / يونيو - إقامة « خط أحمر » (تليفون) بين البيت الأبيض في واشنطن والكرملين في موسكو لإتاحة الفرصة لزعماء البلدين للاتصال ببعضهما بسرعة إذا ما حصلت أزمة حادة

3 juin — Mort du Pape Jean XXIII (81 ans). Election de Paul VI (66 ans).

٣ حزيران / يونيو - وفاة البابا يوحنا الثالث والعشرين (٨١ عاماً) / انتخاب البابا بولس السادس

5 juin — Arrestation en Iran d'Ayatullah Khomeiny. Vague de protestations dans le pays et sanglante répression.

٥ حزيران / يونيو - اعتقال آية الله الخميني في إيران يؤدي إلى موجة من الاحتجاجات في البلاد واجهتها قوات الأمن والشرطة بشدة

16-19 juin — Première femme dans l'espace, la Russe Valentina Terechkova.

١٦-١٩ حزيران / يونيو - الروسية فالنتينا تيريجكوفا أول رائدة للفضاء

26 juin — Discours de John Kennedy à Berlin près du Mur : *Ich bin ein Berliner*.

٢٦ حزيران / يونيو - جون كندي يلقي خطابه الشهير قرب جدار برلين ويقول فيه : أنا برليني

8 août — Le train postal Glasgow-Londres est dévalisé. Le butin s'élève à plusieurs millions de livres sterling.

٨ آب / أغسطس - السطو على ملايين الجنيهات الإسترلينية في قطار البريد وهو في طريقه من غلاسكو إلى لندن

28 août — Longue marche aux USA contre la discrimination raciale.

٢٨ آب / أغسطس - المسيرة الطويلة في الولايات المتحدة الأمريكية ضد التفرقة العنصرية

11 octobre — Mort de la chanteuse française Edith Piaf (48 ans).

١١ تشرين الأول / أكتوبر - وفاة أديت بياف (٤٨ عاماً)

18 novembre — Le général Abdussalam Aarif évince le parti Baath du pouvoir en Irak. Pas de répression à l'encontre des chefs du parti, dont certains seront de retour au pouvoir en 1968.

١٨ تشرين الثاني / نوفمبر - عبد السلام عارف يزيح حزب البعث عن السلطة في العراق في انقلاب عسكري ورغم الرعب الذي فرضه البعث على العراق لم يواجه زعماؤه أي نوع من القمع الذي مارسوه ضد معارضيهم

22 novembre — Le président américain John Kennedy assassiné à Dallas. / Mort d'Aldous Huxley (69 ans), auteur du *Meilleur des mondes* (*Brave New World*). Il vivait à Los Angeles.

٢٢ تشرين الثاني / نوفمبر - اغتيال الرئيس الأمريكي جون كندي في مدينة دالاس في ولاية تكساس / وفاة الكاتب البريطاني الأصل ألدوس هكسلي مؤلف كتاب «عالم جديد شجاع» (عاش ٦٩ سنة) في لوس أنجلوس حيث عاش طويلاً

1964

عام ألف وتسعمائة وأربعة وستين

Pour la première fois, Umm Kulthûm interprète une chanson dont la musique est écrite par son rival Muhammad Abdulwahâb : *Inta ᶜumrî*. Succès historique.

أم كلثوم تغني للمرة الأولى في حياتها أغنية من تلحين محمد عبد الوهاب هي أغنية «إنت عمري» التي لاقت نجاحاً هائلاً وكان بين الفنانين نوع من المنافسة منعت الجمع بينهما في عمل فني واحد إلا أن اللقاء تم أخيراً بتشجيع من جمال عبد الناصر

25 février — Le boxeur américain Cassius Clay (futur Mohamed Ali) devient à 22 ans champion du monde des poids lourds.

٢٥ شباط / فبراير - الملاكم الأمريكي الشاب كاسيوس كلاي (٢٢ سنة) والذي تسمى فيما بعد باسم محمد علي يصبح بطل العالم للوزن الثقيل بعد فوزه على سوني لستون في الجولة السابعة

24 mai — Création officielle de l'OLP (Organisation de Libération de la Palestine) / A la suite d'un but refusé par l'arbitre, drame dans un stade de football à Lima causant la mort de 320 spectateurs, piétinés ou étouffés à cause d'une énorme bousculade.

٢٤ أيار / مايو - التاريخ الرسمي لتأسيس حركة التحرير الفلسطينية (فتح) / مأساة في ملعب لكرة القدم في ليما عاصمة البيرو بسبب هدف ألغاه الحكم في مباراة بين البيرو والأرجنتين نزل المتفرجون على أثره إلى الملعب وسقط منهم ٣٢٠ قتيلاً دوساً تحت الأقدام أو اختناقاً أمام أبواب مغلقة

27 mai — Jawaharlal Nehru, Premier

٢٧ أيار / مايو - وفاة جواهر لال نهرو رئيس وزراء

ministre indien, meurt à 74 ans.

الهند وهو في الرابعة والسبعين من عمره

2 juillet — *Civil Rights Act*, interdisant toute discrimination raciale aux USA.

٢ تموز / يوليو - «قانون الحقوق المدنية» في أمريكا يمنع أي شكل من أشكال التمييز العنصري

4 août — Début des bombardements américains sur le Nord-Viêtnam.

٤ آب / أغسطس - بداية القصف الجوي الأمريكي على فيتنام الشمالية

14 octobre — Destitution de Krouchtchev. Brejnev devient Secrétaire général du PC soviétique.

١٤ تشرين الأول / أكتوبر - عزل الزعيم السوفياتي نيكيتا خروتشوف واستلام ليونيد بريجينيف السلطة كأمين عام للحزب الشيوعي السوفياتي

18 août — Charles Hélou devient président du Liban.

١٨ آب / أغسطس - انتخاب شارل الحلو رئيساً للجمهورية اللبنانية

2 novembre — En Arabie saoudite, le prince héritier Fayçal détrône son frère Saoud.

٢ تشرين الثاني / نوفمبر - ولي العهد السعودي الأمير فيصل بن عبد العزيز يعزل أخاه الملك سعود ويحل محله حتى عام ١٩٧٥

10 décembre — Le philosophe français Jean-Paul Sartre refuse le Prix Nobel de littérature, considérant que c'est la société qui décide de la valeur d'un penseur.

١٠ كانون الأول / ديسمبر - الفيلسوف الفرنسي جان بول سارتر يرفض تسلم جائزة نوبل معتبراً أن قيمة المفكرين يحددها المجتمع وليس لجنة من عدة أشخاص

21 décembre — Abolition de la peine de mort en Grande-Bretagne.

٢١ كانون الأول / ديسمبر - إلغاء جزاء الحكم بالإعدام في بريطانيا العظمى

1965

عام ألف وتسعمائة وخمسة وستين

Umm Kulthûm interprète un poème romantique d'Ibrâhîm Nâgî mis en musique par Riyâd as-Sunbâtî : *al-Atlâl*. Un chef d'oeuvre.

في هذه السنة تغني أم كلثوم قصيدة رومانطيقية لإبراهيم ناجي بعنوان «الأطلال» لحنها رياض السنباطي بعد قطيعة بين الفنانين دامت خمس سنين وقد كانت النتيجة واحدة من أروع الأغاني

1er janvier — Première opération armée

١ كانون الثاني / يناير - أول عملية مسلحة لـمنظمة

de l'OLP de Yassir Arafat.

التحرير الفلسطينية بزعامة ياسر عرفات

24 janvier — Mort de Winston Churchill (90 ans).

٢٤ كانون الثاني / يناير - وفاة ونستون تشرشل (٩٠ عاماً)

26 janvier — Le hindi devient langue officielle en Inde.

٢٦ كانون الثاني / يناير - اللغة الهندية تصبح لغة رسمية في الهند

Janvier — Tournage du film *Docteur Jivago* avec Omar Sharif dans le rôle du médecin Jivago. Le film est réalisé par David Lean, d'après le roman de Boris Pasternak.

كانون الثاني / يناير - تصوير فيلم «الدكتور زيفاجو» الذي يلعب فيه عمر الشريف الدور الرئيسي أي دور الدكتور زيفاجو وعمر الشريف من أصل مصري مسيحي واسمه الحقيقي هو ميشيل ديمتري شلهوب

19 juin — Coup d'Etat militaire en Algérie. Le colonel Boumedienne prend le pouvoir. Ben Bella incarcéré.

١٩ حزيران / يونيو - انقلاب عسكري في الجزائر يقوده العقيد الهواري بومدين ويؤدي إلى وضع الرئيس بن بلا قيد الإقامة الجبرية لسنين طويلة

16 juillet — Inauguration du tunnel du Mont-Blanc, reliant la France à l'Italie. Il est long de 11,6 km.

١٦ تموز / يوليو - افتتاح نفق الجبل الأبيض الذي وصل بين فرنسا وإيطاليا وطوله أحد عشر كيلومتراً وستمائة متر وقد دام حفره أكثر من ست سنين

29 octobre — Enlèvement à Paris puis disparition de l'opposant marocain Mahdi Ben Barka (45 ans), à Fontenay-le-Vicomte.

٢٩ تشرين الأول / أكتوبر - اختطاف المعارض المغربي الاشتراكي المهدي بن بركة في الحي اللاتيني في باريس واختفاؤه تماماً في إحدى الضواحي وعمره ٤٥ عاماً

1966

عام ألف وتسعمائة وستة وستين

19 janvier — Indira Gandhi, fille de Nehru et chef du Parti du Congrès, devient Premier ministre en Inde.

١٩ كانون الثاني / يناير - أنديرا غاندي تصبح رئيسة للوزراء في الهند وهي ابنة رئيس الوزراء السابق جواهر لال نهرو ورئيسة حزب المؤتمر

7 mars — De Gaulle annonce le retrait de

٧ آذار / مارس - شارل ديغول يعلن انسحاب فرنسا

la France de l'OTAN.

13 avril — Mort dans un accident d'avion du président irakien Abdussalam Arif (45 ans). Son frère Abdurrahman lui succède à la présidence et reste en poste jusqu'au coup d'Etat du 17 juillet 1968.

Août — Début de la "Révolution culturelle" en Chine.

3 octobre — Rupture des relations diplomatiques entre la Tunisie et l'Egypte, à cause des positions de Bourguiba qui prônait la reconnaissance d'Israël et l'acceptation des frontières de 1947.

1967

21 avril — Début de la "dictature des colonels" en Grèce par un coup d'Etat mené par des officiers de l'armée qui suspendent la constitution. Le roi part en exil. Le régime des militaires prendra fin en juillet 1974, à la suite de l'invasion turque du nord de Chypre.

5 juin — Guerre des Six Jours. Israël occupe le Sinaï, la Cisjordanie, Gaza et les hauteurs de Golan. Nasser démissionne, puis retourne à ses fonctions, deux semaines plus tard.

9 octobre — Che Guevara (39 ans) est

من حلف شمال الأطلسي (الناتو).

١٣ نيسان / أبريل - مقتل الرئيس العراقي عبد السلام عارف في حادث طائرة وهو في الخامسة والأربعين من عمره وأخوه الأكبر عبد الرحمن عارف يخلفه في منصب رئيس الجمهورية حتى انقلاب ١٧ تموز ١٩٦٨ الذي أعاد البعث إلى الحكم

آب / أغسطس - بداية «الثورة الثقافية» في الصين وهي حملة نظمتها السلطة ضد المثقفين

٣ تشرين الأول / أكتوبر - قطع العلاقات الدبلوماسية بين مصر وتونس بعد تدهور العلاقات بين البلدين منذ خطاب لبورقيبة (٣ آذار - مارس ١٩٦٥) دعا فيه الفلسطينيين إلى ترك الانفعال العاطفي وقبول التقسيم بحدود ١٩٤٧

عام ألف وتسعمائة وسبعة وستين

٢١ نيسان / أبريل - بداية فترة دكتاتورية العسكر في اليونان بعد أن قام عدد من الضباط بانقلاب عسكري صاحبه تعليق الدستور وإجبار الملك على مغادرة البلاد إلى المنفى وقد دام نظام العسكر سبع سنين وسقط في تموز سنة ١٩٧٤ بعد أحداث قبرص التي بدأت بانقلاب مماثل ضد الرئيس القبرصي وأدت إلى احتلال تركيا نصف الجزيرة

٥ حزيران / يونيو - «حرب الأيام الستة» التي سماها العرب بـ «النكسة» والتي بدأت بهجوم مفاجئ من إسرائيل وانتهت باحتلال إسرائيل لشبه جزيرة سيناء ومرتفعات الجولان والضفة الغربية بما فيها مدينة القدس

٩ تشرين الأول / أكتوبر - مقتل تشي جيفارا في

tué en Bolivie.

21 octobre — Environ cent mille manifestants protestent devant le Pentagone contre la guerre du Viêt-Nam. Huit cents arrestations.

5 novembre — Coup d'Etat au Yémen. Abdullah al-Sallal est renversé.

30 novembre — Naissance du Yémen du Sud.

3 décembre — Un Africain du Sud reçoit le premier cœur greffé au monde.

1968

Les primaires du parti démocrate révèle les lacunes du système de désignation des grands électeurs, après l'échec de Eugene McCarthy (1916-2005), brillant homme politique opposé à la guerre du Viêt-Nam, à être le candidat officiel du parti malgré sa grande popularité auprès des jeunes. Défaite à l'élection du candidat choisi par le parti : Hubert Humphrey.

4 avril — Assassinat à Memphis (Tennessee) de Martin Luther King (39 ans).

Mai — Forte contestation étudiante à Paris, marquée par de violents

بوليفيا وهو في التاسعة والثلاثين من عمره

٢١ تشرين الأول / أكتوبر - أكثر من مائة ألف متظاهر يتجمعون أمام البنتاجون احتجاجاً على الحرب في فيتنام وقد تم اعتقال ثمانمائة منهم بتهمة المقاومة السلبية

٥ تشرين الثاني / نوفمبر - انقلاب عسكري في اليمن ينهي حكم عبد الله السلال

٣٠ تشرين الثاني / نوفمبر - إعلان قيام جمهورية اليمن الجنوبي بعد مغادرة القوات البريطانية البلاد

٣ كانون الأول / ديسمبر - أول عملية زرع قلب في التاريخ تجري في جنوب إفريقيا

عام ألف وتسعمائة وثمانية وستين

الانتخابات الأولية في الحزب الديمقراطي الأمريكي تظهر عيوب الطريقة المتبعة في اختيار مرشح الحزب للانتخابات الرئاسية وقد ظهر ذلك بعد فشل المرشح يوجين ماكارثي في هذه الانتخابات الأولية رغم شعبيته لدى الناخبين الشباب وقد كان ماكارثي معادياً لحرب فيتنام ومهتماً بشؤون البيئة والعدالة الاجتماعية أما المرشح الذي اختاره الحزب وهو هيوبرت همفري فقد فشل في الانتخابات ضد نكسون

٤ نيسان / أبريل - اغتيال الزعيم الزنجي مارتن لوثر كنج (٣٩ عاماً) في ممفيس في ولاية تنيسي وهو صاحب الخطاب الشهير الذي قال فيه : إني أحلم

أيار / مايو - احتجاجات واسعة في باريس لدى الطلاب ضد النظام الدراسي الجامعي وضد السياسة

الاجتماعية ومواجهات عنيفة بين الطلاب والشرطة وقوات الأمن تؤدي إلى أزمة سياسية واجتماعية ثم إلى إصلاحات خاصة في مجال التعليم العالي

affrontements avec la police et accompagnée d'une crise sociale et politique.

٦ حزيران / يونيو - اغتيال روبرت كندي في لوس أنجلوس وهو في الثالثة والأربعين من عمره وكان معادياً لحرب فيتنام ومؤيداً لإسرائيل قتله شاب من أصل فلسطيني

6 juin — Assassinat à Los Angeles de Bob Kennedy (43 ans), qui était opposé à la guerre du Viêt-Nam et pro-israélien. L'assassin était d'origine palestinienne.

١٧ تموز / يوليو - انقلاب عسكري في العراق قام به ضباط من الجيش تحالفوا مع حزب البعث دون أن يظهر اسم البعث في بداية الانقلاب وقد انقلب الحزب على الضباط في ٣٠ تموز فيما سمي بـ «الحركة التصحيحية» فنفي الضباط واغتيلوا فيما بعد في المنفى في العاصمة الأردنية عمان وفي لندن أما حزب البعث فقد سيطر تماماً على الدولة وتجنب في البداية مظاهر العنف التي لصقت بسمعته منذ ١٩٦٣ وأقام نظاماً بوليسياً صارماً تحول شيئاً فشيئاً إلى نظام دكتاتوري دموي عنيف

17 juillet — Coup d'Etat en Irak. Des officiers de l'armée alliés au Parti Baath prennent le pouvoir. Le 30 juillet, ils sont écartés, puis assassinés dans leur exil. Après s'être montré discret pendant deux semaines, le parti Baath s'affiche comme "véritable" auteur de "la révolution". Début de la dictature baathiste qui parvient grâce à une propagande nationaliste active à maquiller ses crimes.

٢٠ آب / أغسطس - الدبابات السوفياتية في براغ للقضاء على « ربيع براغ » الذي قاده دوبجيك الإصلاحي داخل الحزب الشيوعي

20 août — Les chars soviétiques en Tchécoslovaquie. Fin du "Printemps de Prague".

٨ تشرين الثاني / نوفمبر - إصلاح التعليم العالي في فرنسا بإنشاء جامعات جديدة وتوسيع مجال الدراسة فيها

8 novembre — Réforme des universités en France, avec l'élargissement de l'accès aux études supérieures.

1969

عام ألف وتسعمائة وتسعة وستين

١٥ كانون الثاني / يناير - فرنسا تقترح مؤتمراً تشارك

15 janvier — La France propose une

conférence à quatre (URSS, USA, GB et France) pour régler le conflit au Proche-Orient.

فيه القوى الكبرى لحل مشكلة الصراع في الشرق الأوسط بين إسرائيل والدول العربية المجاورة وخاصة مصر وسورية

23 février — Mort en exil à Athènes de l'ex-roi d'Arabie saoudite, Saoud b. Abdulaziz, à l'âge de 67 ans.

٢٣ شباط / فبراير - وفاة ملك العربية السعودية السابق سعود بن عبد العزيز في منفاه في أثينا وهو في السابعة والستين من عمره

2 mars — Premier vol de l'avion supersonique franco-britannique *Concorde*.

٢ آذار / مارس - أول رحلة لطائرة الكونكورد الفرنسية البريطانية الخارقة لحاجز الصوت وقد واجهت عداءً شديداً في أمريكا

28 avril — Démission de de Gaulle à la suite du rejet par référendum de la réforme qu'il proposait du Sénat.

٢٨ نيسان / أبريل - استقالة ديغول من رئاسة فرنسا إثر فشل مشروعه لإصلاح مجلس الشيوخ والذي طرح للاستفتاء العام

16 juin — Georges Pompidou élu président. Chaban-Delmas devient Premier ministre.

١٦ حزيران / يونيو - انتخاب جورج بومبيدو رئيساً للجمهورية الفرنسية وتعيين جاك شابان دالماس بمنصب رئيس الوزراء

20 juillet — L'Homme (Neil Armstrong, USA) marche sur la Lune.

٢٠ تموز / يوليو - أول خطوة للإنسان على سطح القمر قام بها الرائد الأمريكي نيل آرمسترونج

1er septembre — Coup d'Etat en Libye. Le colonel Kadhafi nouveau maître du pays. Le roi Senoussi part en exil en Grèce puis en Egypte.

١ أيلول / سبتمبر - انقلاب عسكري في ليبيا قاده العقيد معمر القذافي والرائد عبد السلام جلود وبقاء الملك محمد إدريس السنوسي في المنفى في اليونان ثم في مصر

20 novembre — Grande manifestation à Washington contre la guerre du Viêt-Nam, avec des centaines de milliers de manifestants.

٢٠ تشرين الثاني / نوفمبر - مظاهرة كبرى في واشنطن ضد الحرب في فييتنام شارك فيها مئات الآلاف من المتظاهرين وقد كان لأمريكا حوالي نصف مليون جندي في فييتنام

Plusieurs détournements d'avion visant notamment les Israéliens.

اختطاف عدة طائرات مدنية أكثرها قام به فلسطينيون ضد طائرات لها علاقة بإسرائيل

توتر العلاقات بين اللاجئين الفلسطينيين ورجال المقاومة الفلسطينية من جهة والسلطات في الدول العربية التي تتواجد فيها المخيمات من جهة أخرى (لبنان وسورية والأردن)

Tensions fréquentes entre réfugiés palestiniens et autorités des pays d'accueil (Syrie, Liban, Jordanie), avec parfois des affrontements sanglants

استمرار «حرب الاستنزاف» التي تمارسها مصر ضد إسرائيل في منطقة قناة السويس تطبيقاً لمبدأ «ما أخذ بالقوة لا يسترد إلا بالقوة» (عبد الناصر) / إعادة بناء الجيش المصري بمساعدة سوفياتية

Guerre d'usure menée par l'Egypte autour du Canal de Suez contre Israël. Reconstruction de l'armée égyptienne avec l'aide des Soviétiques.

1970

عام ألف وتسعمائة وسبعين

١١ آذار / مارس - وقف القتال في شمال العراق بين الأكراد والحكومة المركزية وإقامة «الحكم الذاتي» في المنطقة الكردية وقد دامت الهدنة أربع سنوات

11 mars — Armistice en Irak entre Kurdes et pouvoir central. Participation symbolique de ministres kurdes.

أيلول / سبتمبر - مواجهات دامية بين المقاومة الفلسطينية والجيش الأردني تؤدي إلى مقتل حوالي ٣٥٠٠ شخص من الطرفين وقد توقف القتال بعد وساطة مصرية وتوقيع اتفاق في القاهرة بين الملك حسين وياسر عرفات انتهت بعدها تقريباً نشاطات المقاومة في الأردن وتوجهت الأردن شيئاً فشيئاً نحو إقامة علاقات مع إسرائيل

Septembre — Violents combats en Jordanie entre l'armée du roi et la résistance palestinienne. Environ 3500 morts. Les hostilités prennent fin après l'accord signé au Caire entre le roi et Yassir Arafat. Fin des activités armées des Palestiniens en Jordanie.

٢٧ أيلول / سبتمبر - وفاة الرئيس المصري جمال عبد الناصر إثر أزمة قلبية (عاش ٥٢ سنة) / نائب الرئيس أنور السادات يصبح الرئيس الجديد لمصر

27 septembre — Mort de Nasser (52 ans). Sadate lui succède comme président de la république.

٩ تشرين الثاني / نوفمبر - وفاة شارل ديغول وهو في الثمانين من عمره

9 novembre — Charles de Gaulle meurt à 80 ans.

١٣ تشرين الثاني / نوفمبر - الفريق حافظ الأسد وزير الدفاع السوري يقوم بانقلاب عسكري ويستولي على كامل السلطة في البلاد

13 novembre — Le général Hafiz al-Assad, ministre de la Défense, prend le pouvoir en Syrie.

1971

عام ألف وتسعمائة وواحد وسبعين

13 avril — L'Algérie double le prix du pétrole vendu à la France.

١٣ نيسان / أبريل - الجزائر تضاعف سعر النفط الذي تبيعه لفرنسا ليصبح حوالي ٣ دولارات

13 mai — Vague d'arrestations en Egypte au sommet de l'Etat. Sadate renforce son contrôle du pouvoir.

١٣ أيار / مايو - حملة اعتقالات في مصر وعزل الناصريين من الحكومة فيما بدا أنه ميل لدى السادات إلى الانفراد بالسلطة

10 juillet — Coup d'Etat manqué au Maroc, mené par des officiers et des cadets de l'Ecole militaire, pendant la célébration du 42ème anniversaire du roi.

١٠ تموز / يوليو - محاولة الصخيرات الانقلابية في المغرب التي قام بها ضباط كبار وتلاميذ في المدرسة العسكرية في الرباط أثناء احتفال الملك بعيد ميلاده الثاني والأربعين

2 décembre — Formation des Emirats arabes unis par l'union de sept principautés, dont les plus importantes sont Abou Dhabi et Dubaï.

٢ كانون الأول / ديسمبر - إعلان قيام « الإمارات العربية المتحدة » الذي جمع سبع إمارات هي أبو ظبي ودبي والشارقة وأم القيوين وعجمان والفجيرة ورأس الخيمة

1972

عام ألف وتسعمائة واثنين وسبعين

21 février — Richard Nixon rencontre Mao Tsé Toung à Pékin.

٢١ شباط / فبراير - ريتشارد نكسون يلتقي بـماو تسي تونج في العاصمة الصينية بكين

16 août — Attentat manqué contre le roi du Maroc. Le général Oufkir se suicide.

١٦ آب / أغسطس - محاولة اغتيال ضد ملك المغرب تنتهي بانتحار الجنرال أوفقير

5 septembre — Un commando palestinien attaque les sportifs israéliens aux JO de Munich. Neufs sportifs sont tués, ainsi que trois assaillants.

٥ أيلول / سبتمبر - مجموعة من الفدائيين الفلسطينيين يهاجمون الوفد الإسرائيلي المشارك في الألعاب الأولمبية في ميونيخ مما يؤدي إلى مقتل تسعة من الرياضيين الإسرائيليين

1973

Plusieurs personnalités politiques palestiniennes assassinées par les Israéliens au Liban et dans d'autres pays, sans doute pour venger les sportifs.

8 avril — Mort de Pablo Picasso (91 ans).

25 avril — Le boulevard périphérique de Paris est terminé.

Avril — Le *Washington Post* révèle le scandale du Watergate et accuse Richard Nixon.

11 septembre — Putsch au Chili. Le général Pinochet, aidé par la CIA, prend le pouvoir. Le président Salvadore Allende tué.

6 octobre — Attaque surprise des Egyptiens et des Syriens contre les troupes d'occupation israéliennes dans le Sinaï et dans le Golan. La guerre dure près de trois semaines. Les pays de l'OPEP décident de réduire leur production pétrolière, provoquant ainsi une flambée des prix.

28 octobre — Mort de l'écrivain égyptien Taha Hussein (84 ans), auteur d'un très célèbre roman autobiographique : *Le Livre des jours*.

Octobre-décembre — Premier choc

عام ألف وتسعمائة وثلاثة وسبعين

اغتيال عدة شخصيات فلسطينية في لبنان وفي قبرص خاصة على يد جهاز الموساد الإسرائيلي فيما قد يكون للانتقام من الهجوم الإرهابي على الرياضيين في ميونيخ

٨ نيسان / أبريل - وفاة بابلو بيكاسو (٩١ سنة)

٢٥ نيسان / أبريل - الانتهاء من إنشاء الشارع المحيط في باريس

نيسان / أبريل - صحيفة «واشنطن بوست» تكشف عن فضيحة الووترجيت التي اتهمت فيها الرئيس ريتشارد نكسون

١١ أيلول / سبتمبر - انقلاب عسكري في شيلي بمساعدة وكالة المخابرات المركزية الأمريكية أدى إلى مقتل الرئيس سلفادور أليندي ووصول الجنرال بينوشيه إلى الحكم

٦ تشرين الأول / أكتوبر - هجوم مفاجئ تقوم به القوات المصرية والسورية على المواقع الإسرائيلية في سيناء وفي الجولان في حرب دامت ثلاثة أسابيع لم ينتصر فيها أحد ولكنها أدت إلى تقارب تدريجي بين مصر وإسرائيل جعل إسرائيل تنسحب من سيناء بشروط وفتح الطريق لإقامة علاقات بين البلدين ومن جهة أخرى أدت هذه الحرب إلى ارتفاع أسعار النفط بشكل كبير

٢٨ تشرين الأول / أكتوبر - وفاة الكاتب المصري الكفيف طه حسين مؤلف «كتاب الأيام» وكتب أخرى عديدة عن الأدب الجاهلي خاصة وكان يدعو إلى قراءة جديدة لتاريخ الأدب والإسلام

بين تشرين الأول / أكتوبر وكانون الأول / ديسمبر

pétrolier : le prix du baril passe de 3 à 12 dollars.

- الصدمة البترولية الأولى بارتفاع سعر البرميل من ثلاثة دولارات إلى اثني عشر دولاراً.

1974

عام ألف وتسعمائة وأربعة وسبعين

13 mars — Ouverture de l'aéroport de Roissy.

١٣ آذار / مارس - افتتاح مطار رواسي على بعد حوالي ثلاثين كيلومتراً شمال باريس

2 avril — Mort du président Georges Pompidou (64 ans).

٢ نيسان / أبريل - وفاة الرئيس الفرنسي جورج بومبيدو في الرابعة والستين من عمره

24 avril — Révolution au Portugal.

٢٤ نيسان / أبريل - ثورة في البرتغال

19 mai — Election de Valéry Giscard-d'Estaing comme président en France.

١٩ أيار / مايو - انتخاب فاليري جيسكار ديستان رئيساً للجمهورية الفرنسية

20 juillet — Les Turcs envahissent le nord de Chypre à la suite d'un coup de force militaire dans l'île mené par des officiers grecs contre le président Makarios. L'île est partagée en deux zones, turque et grecque.

٢٠ تموز / يوليو - تركيا تغزو شمال قبرص إثر انقلاب قام به ضباط من القبارصة اليونانيين ضد الأسقف مكاريوس رئيس الجمهورية القبرصية مما أدى إلى تقسيم الجزيرة إلى منطقتين إحداهما تركية في الشمال والأخرى يونانية في الجنوب وإلى تهجير مئات الآلاف من السكان من جهة إلى أخرى

8 août — Démission du président américain Richard Nixon à la suite du scandale du *Watergate*.

٨ آب / أغسطس - استقالة الرئيس الأمريكي ريتشارد نكسون بسبب فضيحة الووترجيت وقد خلفه في منصبه نائبه جيرالد فورد

12 septembre — Haïlé Sélassié, empereur d'Ethiopie, destitué. Le pouvoir aux mains des militaires.

١٢ أيلول / سبتمبر - خلع إمبراطور الحبشة (أثيوبيا) هيلاسي لاسي بعد انقلاب عسكري جعل السلطة بيد العسكر

13 novembre — Discours de Yassir Arafat à l'ONU qui, en brandissant un rameau d'olivier, réclame la création

١٣ تشرين الثاني / نوفمبر - خطاب ياسر عرفات أمام المجلس العام للأمم المتحدة والذي اقترح فيه إقامة دولة واحدة في فلسطين يتعايش فيها بسلام

d'un seul Etat en Palestine où juifs, musulmans et chrétiens vivent ensemble.

اليهود والمسلمون والمسيحيون رافعاً غصناً من الزيتون كرمز للسلام

10 décembre — création du Conseil européen et décision d'élire le Parlement européen au suffrage universel.

١٠ كانون الأول / ديسمبر - قيام المجلس الأوربي واتخاذ القرار بإجراء انتخاب مباشر لأعضاء البرلمان الأوربي .

19 décembre — La France autorise l'IVG (interruption volontaire de grossesse).

١٩ كانون الأول / ديسمبر - السماح بالإجهاض في فرنسا

26 décembre — Mort à Beyrouth du chanteur libano-égyptien Farid al-Atrache (57 ans), dont l'oeuvre est immense et très variée.

٢٦ كانون الأول / ديسمبر - وفاة المغني المصري من أصل لبناني درزي فريد الأطرش في بيروت في السابعة والخمسين من عمره وكان أشهر ألقابه «المطرب الحزين»

1975

عام ألف وتسعمائة وخمسة وسبعين

3 février — Mort de la chanteuse égyptienne Umm Kulthûm (75 ans), dont la célébrité est hors pair.

٣ شباط / فبراير - وفاة المغنية المصرية أم كلثوم في القاهرة في الخامسة والسبعين من عمرها وهي أشهر المغنين العرب على الإطلاق

25 mars — Le roi Fayçal (69 ans) d'Arabie saoudite est assassiné par son neveu Fayçal b. Musâ^cid lors d'une réception au palais. L'assassin est exécuté quelques semaines plus tard.

٢٥ آذار / مارس - اغتيال ملك السعودية فيصل بن عبد العزيز على يد ابن أخيه فيصل بن مساعد الذي أطلق الرصاص على عمه في القصر الملكي ربما بوحي أمريكي أو إسرائيلي أو انتقاماً لأخيه الأكبر أو لآل رشيد (أهل أمه)

31 mars — Accords d'Alger entre l'Irak, représenté par Saddam Hussein, et l'Iran, représenté par le chah. Le premier fait des concessions territoriales dans le Chatt al-Arab contre l'arrêt d'aide aux rebelles kurdes du nord de l'Irak.

٣١ آذار / مارس - التوقيع في مدينة الجزائر على اتفاق بين شاه إيران وصدام حسين نائب الرئيس العراقي بوساطة من الرئيس الجزائري الهواري بومدين تنازل فيه العراق عن قطعة من أراضيه في شط العرب مقابل وقف مساعدة إيران للقوات الكردية التابعة للملا مصطفى البرزاني

13 avril — Incidents à Beyrouth et début de la guerre civile, qui durera près de quinze ans.

١٣ نيسان / أبريل - توتر سياسي في بيروت وفي مدن الجنوب اللبناني يؤدي إلى الحرب الأهلية التي دامت ١٥ سنة

30 avril — Débacle américaine au Viêt-Nam. Les forces du nord communiste contrôlent désormais tout le pays.

٣٠ نيسان / أبريل - انهيار القوات العسكرية الأمريكية وحلفائها في جنوب فيتنام يؤدي إلى سيطرة القوات الشيوعية الشمالية على كامل البلاد

14 novembre — Marche Verte au Maroc réclamant le rattachement au pays du Sahara occidental.

١٤ تشرين الثاني / نوفمبر - « المسيرة الخضراء » في المغرب باتجاه الصحراء الغربية من أجل ضمها للمغرب بعد انتهاء الحماية الإسبانية عليها

20 novembre — Mort de Franco. Juan Carlos, roi d'Espagne.

٢٠ تشرين الثاني / نوفمبر - وفاة الجنرال فرانكو دكتاتور إسبانيا وإعلان تتويج الملك خوان كارلوس

Des milliers de morts déjà depuis le début de la guerre civile au Liban.

آلاف القتلى منذ بداية الحرب الأهلية في لبنان منذ شهر نيسان

1976

عام ألف وتسعمائة وستة وسبعين

8 janvier — Mort d'Agatha Christie (86 ans).

٨ كانون الأول / يناير - وفاة الكاتبة البريطانية أغاثا كريستي في السادسة والثمانين من عمرها

16 juin — Sanglantes émeutes à Soweto en Afrique du Sud.

١٦ حزيران / يونيو - اضطرابات دامية في منطقة سويتو في جنوب إفريقيا

9 septembre — Mort de Mao Tsé Toung (83 ans).

٩ أيلول / سبتمبر - وفاة ماوتسي تونج وهو في الثالثة والثمانين من عمره

23 novembre — Mort d'André Malraux à 75 ans. L'écrivain était aussi ancien ministre de la Culture sous la présidence de Charles de Gaulle.

٢٣ تشرين الثاني / نوفمبر - وفاة الأديب ورجل السياسة الفرنسي أندريه مالرو وهو في الخامسة والسبعين من عمره وقد كان وزيراً للثقافة في عهد شارل ديغول

Accords de la Jamaïque : fin du système

اتفاقات جامايكا كبديل لاتفاقات بريتون وودز التي

de Bretton Woods.

تحدد نظام الصرف العالمي

1977

عام ألف وتسعمائة وسبعة وسبعين

17-19 janvier — Deux jours d'émeutes en Egypte à cause de la hausse annoncée du prix du pain et de certains denrées alimentaires. 44 morts. Les hausses annoncées sont finalement annulées.

١٧-١٩ كانون الثاني / يناير - اضطرابات عنيفة في مصر بسبب إعلان الحكومة رفع أسعار بعض المواد الغذائية الأساسية وخاصة الخبز مما أدى إلى مهاجمة المتظاهرين بعض دوائر الحكومة ورموز الدولة (٤٤ قتيلاً)

25 mars — Jacques Chirac élu maire de Paris. Défaite du candidat soutenu par le président Giscard : Michel d'Ornano.

٢٥ آذار / مارس - انتخاب المرشح الديغولي جاك شيراك عمدة لباريس ضد ميشيل دورنانو الذي دعمه الرئيس جيسكار

30 mars — Mort du chanteur égyptien, très populaire auprès de la jeunesse, Abdulhalîm Hâfiz (48 ans).

٣٠ آذار / مارس - وفاة المغني المصري عبد الحليم حافظ وهو في الثامنة والأربعين من عمره وقد كان له شعبية واسعة جداً لدى الشباب

11 avril — Le poète Jacques Prévert est mort à 77 ans.

١١ نيسان / أبريل - وفاة الشاعر الفرنسي جاك بريفير وهو في السابعة والسبعين من عمره

16 août — Elvis Presley meurt à 42 ans.

١٦ آب / أغسطس - وفاة ألفس بريسلي (٤٢ عاماً)

16 septembre — Mort de Maria Callas à 54 ans à Paris. La célèbre cantatrice, née à New York, avait des parents grecs.

١٦ أيلول / سبتمبر - وفاة مغنية الأوبرا الشهيرة ماريا كالاس اليونانية الأصل والأمريكية المولد وهي في الرابعة والخمسين من عمرها

19 novembre — Discours de Sadate devant la Knesset.

١٩ تشرين الثاني / نوفمبر - خطاب السادات في الكنيست الإسرائيلي

25 décembre — Mort de Charlie Chaplin à 88 ans.

٢٥ كانون الأول / ديسمبر - وفاة شارلي شابلن في الثامنة والثمانين من عمره في منزله في سويسرا

1978

عام ألف وتسعمائة وثمانية وسبعين

9 janvier — Manifestations à Qom (Iran) en faveur de Khomeiny. Sanglante répression.

٩ كانون الثاني / يناير - مظاهرات مؤيدة للخميني في مدينة قم الإيرانية واجهت قمعاً شديداً من قوات الجيش والشرطة

18 février — L'armée iranienne réprime les manifestations à Tabriz, dans le nord-Ouest du pays.

١٨ شباط / فبراير - الجيش الإيراني يقمع بشدة مظاهرات قامت في مدينة تبريز في الشمال الغربي لإيران

11 mars — Les manifestations favorables à Khomeiny gagnent Téhéran. L'armée occupe le bazar.

١١ آذار / مارس - المظاهرات المؤيدة للخميني والمعادية للشاه تصل إلى طهران / الجيش يحتل البازار

22 juillet — Emeutes à Machhad, dans le nord-Est de l'Iran.

٢٢ تموز / يوليو - اضطرابات عنيفة في مدينة مشهد الإيرانية

6 août — Mort au Vatican du pape Paul VI (81 ans).

٦ آب / أغسطس - وفاة البابا بولس السادس (عاش ٨١ عاماً)

8 septembre — Proclamation de la loi martiale en Iran. Manifestations de protestation et répression militaire. L'opposition, aussi religieuse que de gauche, évoque deux mille morts.

٨ أيلول / سبتمبر - إعلان الأحكام العرفية في إيران حيث تتزايد المظاهرات المعادية للشاه كما يزداد القمع ضدها مما تسبب في مقتل ألفي شخص حسب ما ذكرته المعارضة وقد كانت المعارضة واسعة تشمل أتباع الخميني واليسار

16 septembre — Plus de 25.000 morts dans un tremblement de terre qui frappe Tabas en Iran.

١٦ أيلول / سبتمبر - مقتل أكثر من خمسة وعشرين ألف نسمة إثر زلزال أصاب منطقة طاباس في شرق إيران

17 septembre — Sommet de Camp David (USA) réunissant Egyptiens et Israéliens sous l'égide des Américains.

١٧ أيلول / سبتمبر - قمة كامب ديفيد في الولايات المتحدة التي جمعت بين السادات ومناحيم بيغين برعاية الرئيس الأمريكي كارتر

28 septembre — Mort inattendue du pape Jean-Paul Ier après 33 jours de pontificat.

٢٨ أيلول / سبتمبر - وفاة البابا يوحنا بولس الأول بشكل مفاجئ بعد ثلاثة وثلاثين يوماً من انتخابه

6 octobre — L'Irak expulse l'ayatollah Khomeiny. Il est accueilli par la France, où il reste plus de quatre mois.

٦ تشرين الأول / أكتوبر - العراق يطرد الخميني فتستقبله فرنسا حيث يقيم في نوفل لوشاتو أكثر من أربعة أشهر

9 octobre — Jacques Brel est mort à 49 ans.

٩ تشرين الأول / أكتوبر - وفاة المغني جاك بريل وهو في التاسعة والأربعين من عمره

18 octobre — Les travailleurs de l'industrie pétrolière d'Iran se mettent en grève.

١٨ تشرين الأول / أكتوبر - إضراب العاملين في الصناعة النفطية في إيران تأييداً للاحتجاجات التي عمت البلاد ضد حكم الشاه

6 novembre — Gouvernement militaire à Téhéran.

٦ تشرين الثاني / نوفمبر - تشكيل حكومة عسكرية في إيران في محاولة للسيطرة على الوضع

Décembre — Deux millions de manifestants à Téhéran. Le gouvernement militaire démissionne le 31.

كانون الأول / ديسمبر - المظاهرات مستمرة وعدد المتظاهرين يصل إلى المليونين في طهران / استقالة الحكومة العسكرية في آخر يوم من السنة

5 décembre — le Conseil européen de Bruxelles créé le système monétaire européen.

٥ كانون الأول / ديسمبر - المجلس الأوربي في بروكسل ينشئ النظام المالي الأوربي الذي يدخل إلى حيز التنفيذ في ١٣ آذار / مارس ١٩٧٩

27 décembre — Le président algérien Boumédiène est mort (46 ans).

٢٧ كانون الأول / ديسمبر - وفاة الرئيس الجزائري الهواري بومدين (عاش ٤٦ عاماً)

1979

عام ألف وتسعمائة وتسعة وسبعين

Deuxième choc pétrolier : le prix du baril passe de 13 à 32 dollars.

الصدمة البترولية الثانية حيث يرتفع سعر البرميل من ثلاثة عشر دولاراً إلى اثنين وثلاثين دولاراً

22 janvier — Le chah d'Iran quitte le pays.

٢٢ كانون الثاني / يناير - شاه إيران يغادر بلاده إلى المنفى بعد أن فقد السيطرة على الأمور

26 février — Retour triomphal de Khomeiny à Téhéran.

٢٦ شباط / فبراير - عودة الخميني إلى إيران وسط استقبال شعبي حافل

30 mars — L'Iran devient "république islamique".

٣٠ آذار / مارس - إيران تتحول من إمبراطورية إلى «جمهورية إسلامية»

5 mai — Margaret Thatcher à la tête du gouvernement en Grande-Bretagne, suite à la victoire des Conservateurs.

٥ أيار / مايو - مارغاريت ثاتشر تشكل الحكومة البريطانية بعد فوز المحافظين في الانتخابات البرلمانية

7 - 10 juin — Premières élections du Parlement européen au suffrage universel direct. Simone Veil est élue présidente.

٧ - ١٠ تموز / يوليو - أول انتخاب مباشر لأعضاء البرلمان الأوربي وانتخاب المرشحة الفرنسية سيمون فيل رئيسة للبرلمان

16 juillet — Saddam Hussein fait exécuter ses rivaux au parti Baath, sans procès, et se déclare président de la république, après la "démission" du président al-Bakr, pour des "raisons de santé".

١٦ تموز / يوليو - صدام حسين نائب رئيس الجمهورية يصبح رئيساً وينفرد بالسلطة في العراق بعد إزاحة منافسيه بإعدام العديد منهم إثر ما سمي بـ «مجزرة قاعة الخلد» واتهامهم بالتآمر لصالح حافظ الأسد وعلى رأسهم عدنان حسين الحمداني وعبد الخالق السامرائي

26 décembre — L'URSS envahit l'Afghanistan, à l'issue d'une période d'instabilité dans le pays.

٢٦ كانون الأول / ديسمبر - الاتحاد السوفياتي يغزو أفغانستان بعد عدة انقلابات بعضها مؤيد للسوفييت

1980

عام ألف وتسعمائة وثمانين

11 mars — Election de la première femme à l'Académie française : Marguerite Yourcenar, qui s'était établie en Amérique dès 1939.

١١ آذار / مارس - انتخاب أول امرأة في الأكاديمية الفرنسية وهي الكاتبة مارغريت يورسانار الفرنسية الأصل والأمريكية الجنسية منذ ١٩٤٧ وكانت تقيم في أمريكا منذ ١٩٣٩

Avril — Répression baathiste contre les chiites en Irak. Exécution de l'ayatullah

نيسان / أبريل - قمع بعثي شديد للشيعة في العراق يبدأ بإعدام العالم الديني محمد باقر الصدر

Baqir as-Sadr et déportation de plus de 200.000 personnes vers l'Iran, après confiscation de leurs biens.

وأخته ويتواصل بالترحيل القسري لأكثر من مائتي ألف شيعي إلى الحدود الإيرانية بعد مصادرة أملاكهم وأموالهم

29 avril — Mort d'Alfred Hitchcock (80 ans).

٢٩ نيسان / أبريل - وفاة ألفريد هتشكوك وهو في الثمانين من عمره

4 mai — Mort du président yougoslave Tito (87 ans).

٤ أيار / مايو - وفاة الزعيم اليوغسلافي تيتو (عاش ٨٧ عاماً)

Juillet — Les JO de Moscou boycottés par les USA, la RFA et quelques autres pays. Ce boycott provoquera celui des Russes des JO de Los Angeles (1984).

تموز / يوليو - الألعاب الأولمبية في موسكو بغياب الولايات المتحدة وألمانيا الاتحادية ودول أخرى وقد أدت هذه المقاطعة إلى غياب الروس من ألعاب لوس أنجلوس في ١٩٨٤

4 juillet — Mort du grammairien belge Maurice Grevisse (84 ans).

٤ تموز / يوليو - وفاة موريس غريفيس (٨٤ عاماً) وكان من أشهر نحاة اللغة الفرنسية

Septembre — Arrestations en masse en Egypte frappant les Frères musulmans et de nombreuses personnalités de différents horizons.

أيلول / سبتمبر - توقيف أعداد كبيرة من العاملين في السياسة في مصر من الإخوان المسلمين وبعض الناصريين والصحفيين والكتاب والمفكرين في حملة قمع أمر بها السادات وحيرت المراقبين

12 septembre — Coup d'Etat en Turquie dirigé par le général Kenan Evren. Les partis politiques et les syndicats interdits. Loi martiale.

١٢ أيلول / سبتمبر - انقلاب عسكري في تركيا تزعمه الجنرال كنعان إيفرن وصاحبه إعلان الأحكام العرفية وحظر الأحزاب والنقابات فيما بدا أنه خطوة موالية لأمريكا

22 septembre — Saddam Hussein déclare la guerre à l'Iran, après avoir dénoncé l'accord qu'il avait signé en 1975 avec le chah. La guerre durera sept ans et coûtera la vie à près d'un million de personnes. L'Irak bénéficie durant cette guerre du soutien de l'Occident et de ses alliés dans la région. La guerre se terminera sans

٢٢ أيلول / سبتمبر - صدام حسين يعلن الحرب على إيران بعد نقضه للاتفاقات التي وقعها بنفسه سنة ١٩٧٥ في الجزائر / الحرب تدوم ثمانية أعوام وتؤدي إلى مقتل حوالي المليون نسمة وقد تلقى العراق خلالها دعماً عسكرياً وإعلامياً واسعاً من الغرب ومن بعض الدول العربية في الشرق الأوسط الموالية للغرب وقد انتهت الحرب دون محاسبة صدام حسين ودون تعويضات لإيران ودون إدانة

poursuite contre Saddam Hussein et sans condamnation du massacre de Halabcha.

لمجزرة حلبجة التي ارتكبها الجيش العراقي ضد أكراد العراق

4 novembre — Election de Ronald Reagan (69 ans) à la présidence des USA.

٤ تشرين الثاني / نوفمبر - انتخاب رونالد ريغان (٦٩ عاماً) رئيساً للولايات المتحدة الأمريكية

2 décembre — Suicide de l'écrivain français Romain Gary (66 ans).

٢ كانون الأول / ديسمبر - انتحار الكاتب الفرنسي رومان غاري وهو في السادسة والستين من عمره

8 décembre — John Lennon, l'ancien chanteur des Beatles, est assassiné à New York (40 ans).

٨ كانون الأول / ديسمبر - اغتيال جون لينون (٤٠ عاماً) وكان سابقاً أحد أعضاء فرقة الخنافس (البيتلز)

1981

عام ألف وتسعمائة وواحد وثمانين

1er janvier — Entrée de la Grèce dans la Communauté européenne.

١ كانون الثاني / يناير - انضمام اليونان إلى المجموعة الأوربية وهي الدولة العاشرة فيها

20 janvier — L'Iran libère les otages retenus depuis 444 jours dans l'ambassade américaine de Téhéran.

٢٠ كانون الثاني / يناير - إيران تفرج عن رهائن السفارة الأمريكية وكان عددهم ٤٤٤ احتجزوا حوالي أحد عشر شهراً في سفارتهم في طهران

25 janvier — Condamnation à mort de la veuve de Mao.

٢٥ كانون الثاني / يناير - الحكم بالإعدام على أرملة الزعيم الصيني السابق ماوتسي تونج

10 mai — Election de François Mitterrand à la présidence en France.

١١ أيار / مايو - انتخاب فرانسوا متران رئيساً للجمهورية الفرنسية

20 juin — Violentes émeutes à Casablanca, contre les conditions de vie. Plus de six cents morts.

٢٠ حزيران / يونيو - اضطرابات حادة في مدينة الدار البيضاء المغربية تؤدي إلى مقتل حوالي ٦٠٠ شخص

29 juin — Deng Xiaoping devient le numéro un chinois. Début de l'ouverture sur l'Occident.

٢٩ حزيران / يونيو - دنغ هسياو بنغ يصبح الرجل الأول في الصين / بداية الانفتاح على الغرب وانتقاد «الثورة الثقافية» التي أطلقها ماو في الستينات

6 octobre — Sadate est assassiné pendant une parade militaire (63 ans).

٦ تشرين الأول / أكتوبر - اغتيال الرئيس المصري أنور السادات أثناء عرض عسكري (عاش ٦٣ سنة)

31 octobre — Mort de Georges Brassens (60 ans).

٣١ تشرين الأول / أكتوبر - وفاة المغني الفرنسي جورج براسانس وهو في الستين من عمره

13 décembre — Le général Jaruzelski décrète l'état de guerre en Pologne. Le syndicat Solidarnosc est dissous. Ses chefs arrêtés. Parmi eux se trouve Lech Valesa qui sera président en 1990.

١٣ كانون الأول / ديسمبر - الجنرال ياروزلسكي يعلن حالة الحرب في بولندا / حل نقابة سوليدارنوش (التضامن) والقبض على قادتها وأولهم فاليزا عامل الكهرباء الذي أصبح فيما بعد رئيساً لبولندا بعد سقوط الحكم الشيوعي عام ١٩٩٠

1982

عام ألف وتسعمائة واثنين وثمانين

Février — Insurrection des Frères musulmans syriens dans la ville de Hama. Violente répression de l'armée. Plus de dix mille morts.

شباط / فبراير - انتفاضة الإخوان المسلمين السوريين في مدينة حماه يواجهها الجيش السوري بعنف مما يؤدي إلى مقتل أكثر من عشرة آلاف شخص وتدمير واسع للمدينة إضافة إلى حملة قمع بوليسي شديدة

Avril — Guerre des îles Malouines (britanniques) entre l'Angleterre et l'Argentine qui les revendiquait.

نيسان / أبريل - حرب جزر فولكلاند (المالوين) البريطانية والتي تطالب بها الأرجنتين كجزء من أراضيها

Premiers revers militaires pour l'Irak face à l'Iran, dans la guerre déclenchée par Saddam Hussein le 22 septembre 1980.

أول خسائر عسكرية للجيش العراقي في حربه على إيران في الحرب التي بدأها صدام حسين في ٢٢ أيلول -سبتمبر ١٩٨٠

13 juin — Nouveau roi en Arabie saoudite. Fahd b. Abdulaziz succède à son frère Khalid, qui venait de mourir à l'âge de 69 ans.

١٣ حزيران / يونيو - فهد بن عبد العزيز الابن التاسع لعبد العزيز بن سعود يصبح ملكاً في العربية السعودية خلفاً لأخيه خالد الذي توفي وعمره ٦٩ عاماً

Juin — Invasion israélienne du Sud-Liban et jusqu'à Beyrouth.

حزيران / يونيو - إسرائيل تجتاح جنوب لبنان وقواتها تصل إلى بيروت

14 septembre — Un attentat à Beyrouth coûte la vie au nouveau président Béchir Gemayel (34 ans). Son frère aîné Amine lui succédera le 21 septembre, après avoir été élu par le parlement libanais.

١٤ أيلول / سبتمبر - تفجير هائل يودي بحياة الرئيس اللبناني بشير الجميل (٣٤ عاماً) والذي لم يبق في منصبه غير أسبوعين وقد خلفه أخوه الأكبر أمين لدى انتخابه بعد أسبوع من الانفجار والبرلمان هو الذي ينتخب الرئيس في لبنان

18 septembre — Massacre des Palestiniens de Sabra et Chatila par les forces chrétiennes. L'armée israélienne accusée d'avoir laissé faire. Plus de trois mille morts. Démission d'Ariel Sharon, ministre israélien de la défense, dont la responsabilité est évoquée, en tant que chef de l'ensemble des opérations.

١٨ أيلول / سبتمبر - مذابح صبرا وشاتيلا وهما مخيمان للاجئين الفلسطينيين وقد تمت هذه المذابح على يد المليشيات المسيحية وعلى ما يبدو بعلم من القوات الإسرائيلية المتواجدة في بيروت والتي لم تفعل شيئاً لمنع المجزرة وقد خلفت هذه الجريمة أكثر من ثلاثة آلاف قتيل وكان من تداعياتها استقالة وزير الدفاع الإسرائيلي آرييل شارون بعد أن أشار البعض إلى مسؤوليته عن الحادث

10 novembre — Mort de Brejnev (75 ans).

١٠ تشرين الثاني / نوفمبر - وفاة الزعيم السوفياتي ليونيد بريجينيف (عاش ٧٥ سنة)

Décembre — Vague d'attentats terroristes en Corse.

كانون الأول / ديسمبر - موجة من العمليات الإرهابية في كورسيكا

1983

عام ألف وتسعمائة وثلاثة وثمانين

17 janvier — Le Nigéria expulse un million d'immigrés.

١٧ كانون الثاني / يناير - نيجيريا تطرد من أراضيها حوالي مليون مهاجر أجنبي

17 juin — Election européenne en France. L'extrême droite obtient un score sans précédent : 11 %.

١٧ حزيران / يونيو - الانتخابات الأوربية في فرنسا تظهر تقدم أقصى اليمين الذي حصل على ١١ بالمائة من الأصوات

1984

عام ألف وتسعمائة وأربعة وثمانين

27 juin — La France sacrée championne d'Europe de football, en battant en finale l'équipe d'Espagne par 2 buts à rien.

٢٧ حزيران / يونيو - المنتخب الفرنسي يفوز بكأس أوربا لكرة القدم ويفوز في المباراة النهائية على إسبانيا ٢ - صفر

Août — Jeux olympiques de Los Angeles marqués par le boycott des Russes et surtout, pour les Arabes, par la première médaille d'or obtenue par une femme arabe : Nawal al-Mutawakkil du Maroc, après sa victoire au 400 m haies.

آب / أغسطس - الألعاب الأولمبية في لوس أنجلوس التي قاطعها الروس كرد على مقاطعة الأمريكان لألعاب موسكو سنة ١٩٨٠ / فوز أول امرأة عربية بميدالية ذهبية في تاريخ الألعاب وهي المغربية نوال المتوكل التي فازت بمسافة الأربعمائة متر موانع

31 octobre — Assassinat, en Inde, du Premier ministre Indira Gandhi (67 ans), par un membre sikh de sa garde.

٣١ تشرين الأول / أكتوبر - اغتيال رئيسة وزراء الهند أنديرا غاندي على يد أحد أفراد حمايتها (عاشت ٦٧ سنة)

1985

عام ألف وتسعمائة وخمسة وثمانين

18 mars — Gorbatchev à la tête de l'URSS.

١٨ آذار / مارس - جرباتشوف يصبح الأمين العام للحزب الشيوعي الروسي وزعيم الاتحاد السوفياتي

29 mai — Trente-huit morts parmi les spectateurs de la finale de la Coupe d'Europe de football à Bruxelles, peu avant le match. Les joueurs l'ignoraient.

٢٩ أيار / مايو - مقتل ثمانية وثلاثين من المتفرجين أثناء المباراة النهاية لكأس أوربا للأندية والتي كانت تجري في ملعب هويسيل في بروكسل دون أن تلغى المباراة

13 novembre — Vingt mille morts en Colombie après l'éruption d'un volcan.

١٣ تشرين الثاني / نوفمبر - انفجار بركان في كولومبيا يؤدي إلى مقتل حوالي عشرين ألف شخص

1986

عام ألف وتسعمائة وستة وثمانين

1er janvier — Entrée de l'Espagne

١ كانون الثاني / يناير - انضمام إسبانيا والبرتغال إلى

et du Portugal dans la Communauté européenne.

Janvier — La France et la Grande-Bretagne décident de construire un tunnel sous la Manche. L'idée d'un tunnel revenait régulièrement depuis un siècle.

28 janvier — Explosion de la navette spatiale *Challenger* et mort de ses sept occupants.

17 et 28 février — Signature de l'Acte unique qui donne naissance à un marché unique, sans barrières douanières intérieures. Le Français Jacques Delors est le principal artisan du texte.

25 avril — Explosion à la centrale nucléaire de Tchernobyl (Ukraine).

19 juin — Coluche (42 ans) meurt dans un accident de moto, renversé par un camion.

Septembre — Vague d'attentats meurtriers à Paris en lien avec la tension au Moyen-Orient.

1ᵉʳ décembre — Inauguration à Paris du Musée d'Orsay, installé dans une ancienne gare et consacré au XIXème siècle. Le projet était initié par l'ancien président Giscard d'Estaing.

Amin Maalouf publie "Léon l'Africain".

المجموعة الاقتصادية الأوربية ليصبح عدد الدول الأعضاء اثني عشر

كانون الثاني / يناير - فرنسا وبريطانيا العظمى تتفقان على بناء نفق تحت بحر المانش يربط البلدين وقد كانت الفكرة قديمة تذكر بين الحين والحين منذ أكثر من قرن

٢٨ كانون الثاني / يناير - انفجار المركبة الفضائية الأمريكية شالنجر بعيد انطلاق الصاروخ الذي كان يحملها ومقتل الرواد السبعة الذين كانوا على متنها

١٧ و ٢٨ شباط / فبراير - التوقيع على القانون الموحد للمجموعة الأوربية لإنشاء سوق مشتركة دون حواجز جمركية بين الدول الأعضاء وقد وقعت عليه جميع الدول الأعضاء ويعود الفضل في وضعه أساساً إلى جاك ديلور

٢٥ نيسان / أبريل - انفجار في المفاعل الذري في مدينة تشرنوبيل الأوكرانية

١٩ حزيران / يونيو - مقتل الفنان الفرنسي الساخر كولوش (عاش ٤٢ سنة) في حادثة سير وهو على دراجته النارية

أيلول / سبتمبر - موجة من التفجيرات الإرهابية في باريس أظهرت التحقيقات علاقتها بالصراعات في الشرق الأوسط

١ كانون الأول / ديسمبر - افتتاح متحف أورسي في باريس وقد خصص لفنون القرن التاسع عشر وتم إيواؤه في مبنى كان في السابق محطة للقطارات وكان المتحف قد بدئ في إنشائه في عهد الرئيس السابق جيسكار ديستانغ

الروائي أمين المعلوف ينشر رواية «ليون الإفريقي»

1987

عام ألف وتسعمائة وسبعة وثمانين

3 mai — Suicide à Paris de la chanteuse Dalida, d'origine italo-égyptienne (54 ans). Elle avait aussi joué dans "*Le sixième jour*" de Youssef Chahine.

٣ أيار / مايو - انتحار المغنية الفرنسية داليدا (٥٤ سنة) وكانت إيطالية المولد ومصرية النشأة وقد مثلت أيضاً في فيلم «اليوم السادس» للمخرج المصري يوسف شاهين

4 juillet — Le nazi Klaus Barbie condamné à Lyon à la perpétuité.

٤ تموز / يوليو - الحكم في مدينة ليون الفرنسية بالسجن المؤبد على المجرم النازي كلاوس باربي

26 juillet — Mort de l'écrivain, romancier et dramaturge égyptien, Tawfiq al-Hakîm (88 ans), dont les pièces de théâtre relèvent de la littérature de l'absurde. Certaines pièces sont de pures merveilles.

٢٦ تموز / يوليو - وفاة المفكر والروائي والكاتب المسرحي المصري توفيق الحكيم وهو في الثامنة والثمانين من عمره وقد ترك توفيق الحكيم أعمالاً أدبية رائعة مثل رواية «يوميات نائب في الأرياف» ومسرحيات «شهرزاد» و«السلطان الحائر»

14-28 octobre — Agitation boursière internationale et baisse d'environ 30 % des valeurs.

١٤-٢٨ تشرين الأول / أكتوبر - توتر شديد في أسواق الأسهم وهبوط القيم بنسبة تقارب الـ ٣٠ بالمائة

7 novembre — Habib Bourguiba est destitué par son ministre de l'Intérieur, Ben Ali.

٧ تشرين الثاني / نوفمبر - خلع الرئيس التونسي الحبيب بورقيبة على يد وزير الداخلية زين العابدين بن علي

Début de la 1ère Intifâda (jusqu'en 1993) dans les Territoires occupés.

بداية الانتفاضة الأولى في الأراضي الفلسطينية المحتلة

1988

عام ألف وتسعمائة وثمانية وثمانين

18 mars — La ville kurde irakienne de Halabja est gazée par l'armée de Saddam Hussein. Près de cinq mille morts. Aucune condamnation internationale officielle.

١٨ آذار / مارس - قوات صدام حسين تسمم بالغاز قرية حلبجة بكاملها وتتسبب في مقتل حوالي خمسة آلاف شخص دون أن تحصل إدانة عالمية لهذه الجريمة حتى في المؤتمر العالمي لمنع الأسلحة الكيمياوية في باريس (١٩٩٣/١/١٣)

16 mai — Rétablissement des relations diplomatiques entre le Maroc et l'Algérie après une rupture de 12 ans. Les tensions concernent surtout le Sahara occidental.

١٦ أيار / مايو - عودة العلاقات الدبلوماسية بين المغرب والجزائر بعد قطيعة دامت اثني عشر عاماً والأزمات بين البلدين تتعلق خاصة بـالصحراء الغربية

20 août — Signature de l'armistice entre l'Iran et l'Irak. Khomeiny accepte l'arrêt des combats sans toutefois obtenir une condamnation par la communauté internationale de Saddam Hussein, qui bénéficiait alors de nombreux soutiens en occident. Tandis que l'image de l'Iran était mauvaise dans les médias occidentaux.

٢٠ آب / أغسطس - التوقيع على وقف القتال بين العراق وإيران / الخميني يوافق أخيراً على الاتفاق دون الحصول على إدانة عالمية لصدام حسين باعتباره المسؤول الأول عن الحرب وقد كان الرئيس العراقي رغم ممارسته لدكتاتورية شرسة يتمتع بدعم متعدد الجوانب في الغرب وخاصة في فرنسا بينما كان العداء لإيران واسعاً في الغرب وخاصة على المستوى الإعلامي

10 octobre — Emeutes à Alger à la suite d'une vaste protestation contre les conditions de vie.

١٠ تشرين الأول / أكتوبر - اضطرابات في الجزائر العاصمة بسبب احتجاجات واسعة ضد ظروف المعيشة وسوء الأحوال الاقتصادية

15 novembre — Yassir Arafat proclame à Alger la création d'un "Etat indépendant en Palestine". Le 2 mai 1989 il sera reçu à Paris avec les égards dûs à un chef d'Etat.

١٥ تشرين الثاني / نوفمبر - ياسر عرفات يعلن إقامة «دولة مستقلة في فلسطين» وقد استقبل عرفات بحفاوة فيما بعد في الثاني من شهر أيار - مايو ١٩٨٩ في باريس واتبعت لاستقباله المراسيم الخاصة بالرؤساء

30 novembre — Mort au Caire du célèbre et très populaire "lecteur du Coran" égyptien Abdulbâsit Abdulsamad (61 ans).

٣٠ تشرين الثاني / نوفمبر - وفاة قارئ القرآن المصري الشهير عبد الباسط عبد الصمد وهو في الواحدة والستين من عمره وهو من أشهر القراء في العالم العربي والإسلامي

1989

عام ألف وتسعمائة وتسعة وثمانين

12 février — Première femme ordonnée évêque à Boston (USA) dans l'Eglise épiscopalienne américaine, branche de

١٢ شباط / فبراير - لأول مرة في التاريخ يتم اختيار امرأة في رتبة كاردينالة وذلك في مدينة بوسطن في الولايات المتحدة الأمريكية ضمن الكنيسة الأسقفية

التي تشكل فرعاً من الكنيسة الإنكليكانية

l'Eglise anglicane.

١٤ شباط / فبراير - فتوى من الإمام الخميني بقتل الكاتب البريطاني سلمان رشدي بعد نشره لروايته «الآيات الشيطانية» وقد ألغي فعل هذه الفتوى سنة ١٩٩٨ عندما أعلن رئيس إيران خاتمي أن بلاده لن تفعل أي شيء ضد الكاتب ولا تدعو أحداً لاضطهاده

14 février — Fatwa de Khomeiny contre Salmane Ruchdy à la suite de la publication de son roman *Les Versets sataniques*. En 1998, le président iranien déclare que l'Iran ne fera rien contre l'écrivain. La fatwa est annulée de fait.

٢٦ شباط / فبراير - الخطوط الجوية لجنوب إفريقيا توظف أول طيار زنجي

26 février — La South African Airlines engage son premier pilote noir.

١٤ أيار / مايو - انتخاب الاشتراكي كارلوس منعم رئيساً للأرجنتين وهو من عائلة سورية الأصل وقد بقي في منصبه عشرة أعوام

14 mai — Election à la présidence en Argentine de Carlos Menem, fils d'une famille syrienne.

٤ حزيران / يونيو - وفاة آية الله الخميني (عاش ٨٩ عاماً) / قمع شديد للاحتجاجات في بكين التي سميت بـ «ربيع بكين» وخاصة في ساحة تيانانمين الشهيرة

4 juin — Mort de Khomeiny à 89 ans. / Sévère répression du "Printemps de Pékin", notamment sur la place de Tiananmen.

٣٠ حزيران / يونيو - انقلاب عسكري في السودان يمكن عمر البشير من الاستيلاء على السلطة

30 juin — Coup d'Etat au Soudan. Omar al-Bachir au pouvoir.

٥ تموز / يوليو - بييتر بوتا رئيس جنوب إفريقيا يستقبل نلسون مانديلا الزعيم التاريخي لحزب «المؤتمر الوطني الإفريقي» والذي كان ما زال قيد الحبس

5 juillet — Le président sud-africain Pieter Botha reçoit Nelson Mandela, chef de l'African National Congress (ANC), encore en détention.

١٨ تشرين الأول / أكتوبر - سقوط إيريك هونيكر زعيم ألمانيا الشرقية

18 octobre — Chute d'Erich Honecker, numéro un de la RDA.

٢٢ تشرين الأول / أكتوبر - التوقيع على اتفاق الطائف الذي وضع حداً للحرب الأهلية في لبنان والتي بدأت في شهر نيسان من عام ١٩٧٥

22 octobre — Signature des Accords de Taëf qui mettent un terme à quinze ans de guerre civile au Liban.

9 novembre — Chute du mur de Berlin.

٩ تشرين الثاني / نوفمبر - سقوط جدار برلين

26 décembre — Chute et exécution du dictateur roumain Ceausescu, en compagnie de sa femme, après un procès expéditif du couple devant les caméras.

٢٦ كانون الأول / ديسمبر - سقوط الدكتاتور الروماني تشاوتشسكو وإعدامه هو وزوجته أمام عدسات التلفزيون بعد محاكمة صورية دامت أقل من ربع ساعة

1990

عام ألف وتسعمائة وتسعين

12 janvier — Mort de l'écrivain et romancier égyptien Ihsân Abdulquddûs (71 ans) qui s'imposait une écriture simple afin d'en assurer une diffusion large.

١٢ كانون الثاني / يناير - وفاة الكاتب والصحفي والروائي المصري إحسان عبد القدوس وهو في الواحدة والسبعين من عمره وتتميز أعمال عبد القدوس ببساطة اللغة من أجل التشجيع على القراءة في مجتمع سادت فيه الأمية

11 février — Nelson Mandela est libre après 28 ans de captivité.

١١ شباط / فبراير - إطلاق سراح نلسون مانديلا بعد ٢٨ سنة قضاها في السجن

22 mai — Réunification du Yémen, avec Sanaa pour capitale.

٢٢ أيار / مايو - الوحدة بين اليمن الشمالي واليمن الجنوبي وعاصمة البلد الموحد في صنعاء

Juin — Début d'une décennie d'affrontements sanglants entre l'armée et les islamistes en Algérie.

حزيران / يونيو - بداية فترة من العنف الشديد في الجزائر دامت حوالي عشر سنين انتشر فيها التشدد الإسلامي العنيف والذي واجهه الجيش بشدة

21 juin — Séisme dévastateur en Iran, dans la région de Zanjan. Entre 30 et 40 mille morts.

٢١ حزيران / يونيو - زلزال مدمر في إيران يؤدي إلى مقتل حوالي أربعين ألف شخص في منطقة زنجان في شمال الغرب

2 août — Saddam Hussein lance ses troupes à la conquête du Koweït et décide de l'annexer. Cette invasion et ses suites coûtent la vie à plus de 4000 personnes.

٢ آب / أغسطس - صدام حسين يغزو الكويت ويعلن ضمها إلى العراق وقد دام الاحتلال سبعة أشهر وتسبب في مقتل أو جرح أكثر من أربعة آلاف شخص

1991

17 janvier — Début de l'intervention occidentale dans le Golfe pour libérer le Koweït occupé par les forces de Saddam Hussein.

27 janvier — Chute de Siad Barre en Somalie.

Fin février — Environ 300.000 Palestiniens sont expulsés du Koweït pour avoir "collaboré" avec l'occupant irakien. Yasser Arafat avait approuvé l'initiative de Saddam Hussein.

3 mars — Signature du cessez-le-feu entre Saddam Hussein et les Alliés. Les mois suivants, répression sans merci de la part du régime de Saddam Hussein contre les Kurdes et les chiites. Indifférence occidentale.

4 mai — Mort du compositeur et chanteur égyptien Muhammad Abdulwahâb (89 ans).

15 mai — Première femme nommée à Matignon (Edith Cresson).

20 juin — Le parlement allemand vote le transfert de la capitale de Bonn à Berlin.

30 juin — Abolition de l'*apartheid* en Afrique du Sud.

عام ألف وتسعمائة وواحد وتسعين

١٧ كانون الثاني / يناير - بداية التدخل العسكري الغربي في الخليج لتحرير الكويت من الاحتلال العراقي وقد انتهى هذا التدخل بوقف القتال في ٢٦ شباط وبعقوبات اقتصادية على العراق

٢٧ كانون الثاني / يناير - سقوط الرئيس الصومالي سياد بري ونجاح التمرد ضده

نهاية شباط / فبراير - الكويت تطرد حوالي ثلاثمائة ألف فلسطيني من المقيمين على أراضيها بتهمة التعاون مع جيش الاحتلال العراقي وقد كان ياسر عرفات قد أيد صدام حسين إعلامياً في مواجهته لقوات التحالف الدولي

٣ آذار / مارس - التوقيع على وقف إطلاق النار بين العراق والحلفاء وقد تضمن الاتفاق وجود مناطق أمنية في الشمال والجنوب إلا أن ذلك لم يمنع صدام حسين من قمع انتفاضات الشيعة في الجنوب بعلم الحلفاء ودون رد فعل منهم مما مكن صدام حسين من استعادة سيطرته الكاملة على الحكم

٤ أيار / مايو - وفاة المغني والملحن المصري الشهير محمد عبد الوهاب وهو في التاسعة والثمانين من عمره وكان له الفضل في اكتشاف الكثير من المغنين

١٥ أيار / مايو - أديت كريسون أول امرأة في تاريخ فرنسا تشغل منصب رئيسة الوزراء في فرنسا

٢٠ حزيران / يونيو - البرلمان الألماني يصوت على نقل العاصمة من بون إلى برلين

٣٠ حزيران / يونيو - إلغاء التفرقة العنصرية في جنوب إفريقيا رسمياً

12 juillet — Nouvelle constitution autorisant le multipartisme en Mauritanie.	١٢ تموز / يوليو - دستور جديد في موريتانيا يسمح بتعدد الأحزاب
1ᵉʳ août — Mort à Londres de l'écrivain et romancier égyptien Yûsûf Idrîs (64 ans).	١ آب / أغسطس - وفاة الكاتب والروائي المصري يوسف إدريس (٦٤ عاماً) في لندن
8 décembre — Fin de l'URSS et naissance de la Fédération des Républiques Russes. Fin de la Guerre Froide. Les Etats-Unis sont désormais la seule grande puissance dans le monde.	٨ كانون الأول / ديسمبر - نهاية الاتحاد السوفياتي وولادة اتحاد الجمهوريات الروسية / نهاية الحرب الباردة / تغييرات في أغلب الدول التي كانت تشكل أوربا الشرقية / أمريكا تصبح القوة العظمى الوحيدة في العالم
21 novembre — Election de l'Egyptien Boutros Ghali comme Secrétaire général de l'ONU. Il succède au Colombien Javier Pérez de Cuéllar.	٢١ تشرين الثاني / نوفمبر - انتخاب المصري بطرس بطرس غالي أميناً عاماً للأمم المتحدة خلفاً للكولومبي دي كويلار وقد بقي غالي في منصبه إلى سنة ١٩٩٦
9 décembre — Election de Lech Walesa à la présidence en Pologne.	٩ كانون الأول / ديسمبر - انتخاب ليش فاليزا رئيساً للجمهورية في بولندا وهو في الأصل عامل كهرباء
26 décembre — Le Front Islamique du Salut (FIS) en tête au premier tour des législatives en Algérie. / Dissolution officielle de l'URSS.	٢٦ كانون الأول / ديسمبر - جبهة الإنقاذ الإسلامي تحرز أفضل النتائج في الدور الأول من الانتخابات التشريعية في الجزائر / حل الاتحاد السوفياتي بشكل رسمي بعد استقالة جورباتشيف
Entre avril et décembre — Indépendance de nombreux pays de l'ex-URSS, en Asie centrale et dans le Caucase : Géorgie, Ukraine, Biélorussie, Moldavie, Azerbaïdjan, Ouzbékistan, Kirghizistan, Tadjikistan, Arménie, Turkménistan, Kazakhistan.	من نيسان / أبريل إلى كانون الأول / ديسمبر - استقلال العديد من البلدان التي كانت ضمن الاتحاد السوفياتي وخاصة في آسيا الوسطى وغرب بحر قزوين في القوقاز : جيورجيا وأوكرانيا وروسيا البيضاء ومولدافيا وأذربيجان وأزبكستان وقرخزستان وطاجكستان وأرمينيا وتركمنستان وقازخستان
A partir de mai — Tensions en Yougoslavie et début de sa désintégration.	بدءاً من أيار / مايو - زيادة التوتر في يوغسلافيا وبداية تفككها إلى عدة دول

1992

11 janvier — Annulation du 2ème tour des législatives en Algérie. Les militaires contrôlent le pays. Le président Chadhli Benjedid démissionne. Boudhiaf est nommé président. Début d'une période de tensions extrêmes.

7 février — Traité de Maastricht.

3-14 juin — L'ONU organise le Sommet de la Terre à Rio de Janeiro au Brézil pour définir les bases du développement durable, qui doit tenir compte des intérêts des générations futures.

8 juin — Assassinat au Caire de l'écrivain et penseur égyptien Farag Foda (47 ans) par des extrémistes islamistes. Foda proposait une lecture nouvelle de l'islam.

29 juin — Le président algérien Mohamed Boudhiaf assassiné pendant un discours à Bône.

25 juillet — Opération israélienne au Sud-Liban provoquant l'exode de trois cents mille personnes vers le nord.

28 août — Début des émissions d'ARTE, chaîne culturelle franco-allemande.

3 novembre — Bill Clinton élu président des USA.

عام ألف وتسعمائة واثنين وتسعين

١١ كانون الثاني / يناير - إلغاء الدور الثاني من الانتخابات التشريعية في الجزائر / الجيش يدير أمور البلاد / الرئيس الشاذلي بن جديد يستقيل ويترك منصبه لرئيس جديد هو بوضياف / بداية فترة من التوتر تدوم عدة سنوات تعددت فيها العمليات الإرهابية والاغتيالات

٧ شباط / فبراير - التوقيع على معاهدة ماسترشت

٣-١٤ حزيران / يونيو - الأمم المتحدة تقيم «القمة الأرضية» في مدينة ريو دي جانيرو في البرازيل من أجل حماية البيئة في الكرة الأرضية ووضع الأسس اللازمة لتأمين التنمية المستدامة التي تضمن مصالح الأجيال القادمة

٨ حزيران / يونيو - اغتيال المفكر المصري فرج فودة على يد متطرفين من أعضاء الجماعة الإسلامية وقد كان فودة يدعو إلى قراءة تنويرية للإسلام تفصله عن السياسة

٢٩ حزيران / يونيو - اغتيال الرئيس الجزائري محمد بوضياف أثناء إلقائه خطاباً في مدينة عنابة في شرق الجزائر

٢٥ تموز / يوليو - إسرائيل تقوم بعملية عسكرية في جنوب لبنان تؤدي إلى نزوح حوالي ثلاثمائة ألف شخص إلى الشمال وخاصة إلى العاصمة بيروت

٢٨ آب / أغسطس - بداية بث برامج القناة الثقافية الفرنسية الألمانية « آرته »

٣ تشرين الثاني / نوفمبر - فوز المرشح الديمقراطي بيل كلنتون في الانتخابات الرئاسية الأمريكية

17 décembre — Israël déporte 400 Palestiniens parmi les habitants des territoires occupés vers le Liban en les accusant d'être islamistes. Le Liban refuse de les accueillir. Ce "bannissement" est mal accueilli.

31 décembre — Dissolution de la Tchécoslovaquie et naissance de deux Etats : la Slovaquie, avec Bratislava comme capitale, et la République tchèque, qui prend pour capitale Prague.

١٧ كانون الأول / ديسمبر - إسرائيل ترحل قسراً باتجاه الأراضي اللبنانية أربعمائة فلسطيني من سكان الأراضي المحتلة في الضفة الغربية بتهمة الانتماء إلى الجماعات الإرهابية الإسلامية لكن لبنان ترفض دخولهم إلى أراضيها علماً بأن هذا الترحيل يخالف القوانين الدولية

٣١ كانون الأول / ديسمبر - حل دولة تشيكوسلوفاكيا وتكوين دولتين : سلوفاكيا والجمهورية التشيكية / مدينة براغ تصبح عاصمة الجمهورية التشيكية بينما تتخذ سلوفاكيا من براتسلافا عاصمة لها

1993

1er janvier — Entrée en vigueur du marché unique euorpéen.

13 janvier — Signature à Paris d'une convention internationale interdisant l'utilisation des armes chimiques.

24 mai — Indépendance de l'Erythrée.

13 septembre — Signature à Washington des Accords d'Oslo entre Israéliens et Palestiniens, précisant les termes du processus qui devait conduire à la paix. Ces accords découlaient de la Conférence de Madrid, tenue aux lendemains de la IIème Guerre du Golfe.

21 octobre — Massacres au Burundi à la suite d'un coup d'Etat et l'assassinat du

عام ألف وتسعمائة وثلاثة وتسعين

١ كانون الثاني / يناير - دخول السوق الأوربية الموحدة إلى حيز التنفيذ

كانون الثاني / يناير - التوقيع في باريس على معاهدة عالمية بإشراف الأمم المتحدة لمنع صناعة الأسلحة الكيمياوية وخزنها واستعمالها

٢٤ أيار / مايو - استقلال أريتيريا عن أثيوبيا

١٣ أيلول / سبتمبر - التوقيع في واشنطن على اتفاقات أوسلو بين الإسرائيليين والفلسطينيين بحضور ياسر عرفات وإسحق رابين وبرعاية بل كلنتون لوضع الأسس اللازمة للتوصل إلى سلام دائم في المنطقة وهذه الاتفاقات ناتجة عن مؤتمر مدريد الذي عقد بعد حرب الخليج الثانية التي قامت بسبب الغزو العراقي للكويت

٢١ تشرين الأول / أكتوبر - اغتيال الرئيس البوروندي وارتكاب مجازر أودت بحياة عشرات

président du pays.

Amin Maalouf publie "Le Rocher de Tanios", qui obtient le prix Goncourt.

الآلاف من السكان

الروائي اللبناني أمين المعلوف ينشر رواية «صخرة طانيوس» التي حازت على جائزة الجونكور الأدبية

1994

عام ألف وتسعمائة وأربعة وتسعين

21 janvier — Mort dans un accident de voiture de Bâsil al-Asad, fils aîné du président syrien, pressenti pour la succession. Sa disparition amène son frère cadet, Bachar, au devant de la scène.

٢١ كانون الثاني / يناير - وفاة باسل الأسد الابن الأكبر للرئيس السوري في حادث سيارة وكان يعتبر الوريث الطبيعي للرئاسة وقد أدى ذلك إلى ظهور الابن الثاني بشار على المسرح السياسي وكان يقال وقتها إن بشار لم يكن يميل إلى العمل السياسي

6 avril — Attentat qui coûte la vie aux présidents du Burundi et du Ruanda et début du génocide de centaines de milliers de Tutsi et de Hutu.

٦ نيسان / أبريل - عملية إرهابية تودي بحياة الرئيسين الرواندي والبوروندي وتؤدي إلى قيام مذابح جماعية مروعة بين التوتسي والهوتو تقضي على مئات الألوف من سكان رواندا

15 avril — Création de l'Organisation Mondiale du Commerce (OMC) qui établit son siège à Genève.

١٥ نيسان / أبريل - إنشاء المنظمة العالمية للتجارة ومقرها في مدينة جنيف السويسرية وكان الهدف من هذه المنظمة تسهيل التبادلات التجارية

27 avril — Premières élections libres en Afrique du Sud : l'ANC gagne les législatives et Nelson Mandela devient président.

٢٧ نيسان / أبريل - لأول مرة تجري انتخابات حرة يشارك فيها كل السكان في جنوب إفريقيا / حزب المؤتمر الوطني الإفريقي يفوز بالانتخابات البرلمانية ومانديلا بالرئاسية

1ᵉʳ juillet — Yasser Arafat à Gaza.

١ تموز / يوليو - ياسر عرفات في غزة

5 juillet — Yasser Arafat à Jéricho en Cisjordanie occupée.

٥ تموز / يوليو - ياسر عرفات في مدينة جرش في الضفة الغربية المحتلة

4 mai - 7 juillet — Guerre civile au Yémen.

٤-٧ تموز / يوليو - حرب أهلية في اليمن بين الانفصاليين الجنوبيين والقوات المركزية

Octobre — Apparition des Talibans en Afghanistan.

تشرين الأول / أكتوبر - ظهور الطالبان في أفغانستان بهجمات شنوها في شرق البلاد

L'année est marquée par des tensions et violences multiples en Algérie, dans les territoires occupés par Israël et dans le Kurdistan irakien.

هذه السنة تميزت بازدياد التوتر وأعمال العنف في الجزائر وفي الأراضي الفلسطينية المحتلة وفي شمال العراق حيث كانت المواجهات عنيفة بين أنصار جلال الدين الطالباني وأنصار مسعود البرزاني

1995

عام ألف وتسعمائة وخمسة وتسعين

1er janvier — Adhésion de l'Autriche, de la Finlande et de la Suède à l'UE.

١ كانون الثاني / يناير - انضمام النمسا وفنلندا والسويد إلى الاتحاد الأوربي

11 juillet — Massacre de Srebrenica en Bosnie où 8372 Bosniaques musulmans sont massacrés par des forces serbes.

١١ تموز / يوليو - مجزرة سربرينيتشا في البوسنة حيث تم اغتيال ٨٣٧٢ من المسلمين من الشباب والرجال على يد القوات الصربية

10 août — La Jordanie accorde l'asile politique à deux filles de Saddam Hussein accompagnées de leur mari et de leurs enfants. Assurés de ne rien craindre s'ils retournaient au pays, les deux gendres seront assassinés par des membres de leur clan quelques jours après leur retour, afin de "sauver l'honneur" de la tribu.

١٠ آب / أغسطس - الأردن تـمنح حق اللجوء السياسي لاثنتيـن من بنات صدام حسيـن ومع كل واحدة زوجها وأولادها وبعد أسابيع من الاتصالات وبعد أن أعطي الأمان للهاربيـن عادوا إلى بلادهم لكن الزوجيـن قتلا في الأيام التالية على يد أفراد من قبيلتهما بحجة «غسل العار» وتم تعتيم رسمي كامل على مصير باقي العائلتيـن بـمن فيهم الأطفـال الصغار

4 novembre — Assassinat à Tel-Aviv du Premier ministre israélien Yitshak Rabin (73 ans) par un extrémiste israélien.

٤ تشرين الثاني / نوفمبر - إغتيال رئيس الوزراء الإسرائيلي إسحق رابين (٧٣ سنة) على يد متطرف إسرائيلي يرفض التفاوض مع الفلسطينيين

1996

عام ألف وتسعمائة وستة وتسعين

16 janvier — Mort de François

١٦ كانون الثاني / يناير - وفاة فرانسوا متران (٧٩

Mitterrand (79 ans).

سنة) رئيس فرنسا السابق

20 janvier — Yasser Arafat élu président de l'Autorité palestinienne, avec 88 % des suffrages.

٢٠ كانون الثاني / يناير - انتخاب ياسر عرفات رئيساً للسلطة الفلسطينية بعد أن حصل على ثمانية وثمانين في المائة من أصوات الناخبين

29 janvier — La France procède à son dernier essai nucléaire dans le Pacifique.

٢٩ كانون الثاني / يناير - فرنسا تجري آخر تجربة نووية في المحيط الهادي

Mars — Vague d'attentats en Israël.

آذار / مارس - عمليات إرهابية عديدة في إسرائيل

10 avril — Les forces israéliennes pénètrent dans le Sud-Liban.

١٠ نيسان / أبريل - القوات الإسرائيلية تدخل إلى جنوب لبنان

29 mai — Victoire du Likoud aux élections législatives en Israël. Benyamin Netanyahou devient Premier ministre. Il autorise l'extension des colonies dans les territoires occupés et paralyse les négociations avec les palestiniens.

٢٩ أيار / مايو - فوز حزب الليكود في الانتخابات النيابية الإسرائيلية / بنيامين ناتنياهو يصبح رئيساً للوزراء ويسارع إلى التصريح للمستوطنات بالتوسع في الأراضي الفسطينية المحتلة ويمارس سياسة تسعى إلى شل مفاوضات السلام بين إسرائيل والفلسطينيين طبقاً لما وعد به أثناء الحملة الانتخابية

5 juin — Retrait du Gabon de l'OPEP.

٥ حزيران / يونيو - الغابون تنسحب من الأوبك

25 juin — Un attentat contre une base américaine en Arabie saoudite cause la mort de 19 personnes. Les soupçons s'orientent vers un milliardaire saoudien déchu et réfugié en Afghanistan : Usama Ben Laden, homme d'affaires puis membre des forces entraînées par les Américains pour combattre les Russes.

٢٥ حزيران / يونيو - عملية إرهابية ضد قاعدة أمريكية في العربية السعودية تودي بحياة تسعة عشر شخصاً والشبهات تتجه نحو بليونير سعودي سحبت منه الجنسية والتجأ إلى أفغانستان واسمه أسامة بن لادن والمعروف أن ابن لادن كان رجل أعمال نشيطاً قبل أن يلتحق بالقوات التي سلحها ودربها الأمريكان لمحاربة القوات السوفييتية في أفغانستان

26 juin — Le président égyptien Hosni Moubarek échappe à un attentat lors d'une visite au Soudan. Les islamistes sont soupçonnés.

٢٦ حزيران / يونيو - الرئيس المصري حسني مبارك ينجو من محاولة اغتيال ارتكبت ضده أثناء زيارة رسمية قام بها في السودان وقد توجهت الشبهات إلى الجماعات الإسلامية المتطرفة

3 juillet — Idriss Déby élu président du Tchad.

1ᵉʳ août — Assassinat à la voiture piégée de l'évêque d'Alger, Pierre Claverie, avec son chauffeur, Muhammad.

Août-octobre — Affrontements fratricides entre Kurdes irakiens.

24 septembre — Le creusement d'un tunnel près de l'Esplanade des Mosquées à Jérusalem, lieu chargé de symboles religieux, provoque de violentes émeutes, causant la mort de 81 personnes dont 65 Palestiniens.

26 septembre — Entrée des Talibans à Kaboul. Le nord reste aux mains des partisans du commandant Massoud.

12 novembre — Catastrophe aérienne près de la capitale indienne : collision en plein vol entre un avion saoudien et un avion kazakh, causant la mort de 349 personnes.

Novembre — Création de la chaîne al-Jazeera dont le siège est à Doha (Qatar). Son professionnalisme lui procure au départ une très forte audience dans le monde arabe. Tenant d'une certaine propagande, son indépendance proclamée est largement entamée par la suite et sa neutralité mise en doute.

٣ تموز / يوليو - انتخاب إدريس دبي رئيساً للجمهورية التشادية

١ آب / أغسطس - اغتيال كاردينال الجزائر بيير كلافري وسائق سيارته محمد بتفجير السيارة أمام دار الأبرشية في الجزائر العاصمة

من آب / أغسطس إلى تشرين الأول / أكتوبر - مواجهات دامية بين القوى الكردية في شمال العراق

٢٤ أيلول / سبتمبر - مشروع حفر نفق قرب الحرم الشريف في القدس يؤدي إلى اضطرابات واسعة وعنيفة تودي بحياة واحد وثمانين شخصاً منهم خمسة وستون فلسطينياً والحرم الشريف فيه قبة الصخرة والمسجد الأقصى ويلتصق به حائط المبكى ويظن الإسرائيليون أن معبد داود يوجد تحته

٢٦ أيلول / سبتمبر - دخول قوات الطالبان إلى مدينة كابل عاصمة أفغانستان بينما يبقى الشمال بيد أنصار القائد مسعود

١٢ تشرين الثاني / نوفمبر - كارثة جوية قرب العاصمة الهندية دلهي بعد اصطدام طائرة سعودية وأخرى من قازاخستان مما يؤدي إلى مقتل ثلاثمائة وتسعة وأربعين شخصاً من بين ركاب الطائرتين وطاقم كل واحدة منهما

تشرين الثاني / نوفمبر - تأسيس قناة الجزيرة ومقرها في الدوحة عاصمة قطر وهذه القناة كانت في البداية على كفاءة مهنية عالية جداً بالنسبة لما يعرفه الجمهور العربي فتمتعت بشعبية كبيرة لكن القدرات الفنية لم تعد تكفي اليوم لدفع الشكوك بشأن استقلاليتها إذ أنها تكاد تكون منبراً سياسياً وليس وسيلة للإعلام وهي تتبنى لهجات منحازة في تغطيتها للأحداث

1997

11 avril — Fin de la guerre civile en Angola et formation d'un gouvernement d'union nationale.

17 mai — Fin de la guerre civile au Zaïre qui reprend son ancien nom et redevient le Congo. Kabila est président.

23 mai — Election de Muhammad Khatami à la présidence en Iran.

1er juin — La Gauche remporte les élections législatives anticipées en France. Lionel Jospin devient Premier ministre. Une nouvelle période de cohabitation débute et dure cinq ans.

1er juillet — Rétrocession de Hong Kong à la Chine.

31 août — Mort de Lady Di dans un accident de voiture à Paris, en compagnie de son amant, l'Egyptien Dodi El-Fayed.

17 novembre — Un attentat islamiste contre les touristes en Egypte coûte la vie à 68 personnes à Luxor.

1er décembre — Ouverture de la conférence de l'ONU à Kyôto (Japon) consacrée à l'effet de serre.

3-4 décembre — Conférence internationale à Ottawa au Canada qui

عام ألف وتسعمائة وسبعة وتسعين

١١ نيسان / أبريل - انتهاء الحرب الأهلية في أنغولا وتشكيل حكومة مصالحة وطنية وكانت الحرب قد اندلعت سنة ١٩٧٥ إثر استقلال البلاد عن البرتغال

١٧ أيار / مايو - انتهاء الحرب الأهلية في زائير التي تغير اسمها باستعادة الاسم السابق أي الكونغو / كابيلا يصبح رئيساً للجمهورية

٢٣ أيار / مايو - انتخاب محمد خاتمي كرئيس للجمهورية في إيران

١ حزيران / يونيو - فوز اليسار في الانتخابات النيابية المبكرة في فرنسا / ليونيل جوسبان يصبح رئيساً للوزراء / فترة تعايش جديدة بين الرئيس اليميني شيراك والوزارة اليسارية برئاسة جوسبان وقد دامت هذه الفترة خمس سنوات

١ تموز / يوليو - بريطانيا تعيد هونغ كونغ إلى الصين

٣١ آب / أغسطس - وفاة دايانا زوجة الأمير تشارلز في حادث سيارة بصحبة عشيقها المصري الأصل عماد الدين عبد المنعم الفايض

١٧ تشرين الثاني / نوفمبر - عملية إرهابية للمتشددين الإسلاميين في مصر ضد السواح الأجانب في مدينة الأقصر تودي بحياة ٦٨ شخصاً

١ كانون الأول / ديسمبر - مؤتمر كيوتو الذي نظمته الأمم المتحدة للبحث في مشكلة الانحباس الحراري

٣-٤ كانون الأول / ديسمبر - مؤتمر أوتاوا في كندا يتبنى حظر إنتاج الألغام المضادة للأفراد وخزنها

interdit les mines anti-personnelles.

وبيعها واستعمالها

1998

عام ألف وتسعمائة وثمانية وتسعين

21-25 janvier — Le Pape Jean-Paul II à Cuba où il rencontre un accueil chaleureux de Fidel Castro.

٢١-٢٥ كانون الثاني / يناير - البابا يوحنا بولس الثاني يزور كوبا ويتلقى استقبالاً حافلاً لدى الأهالي ولدى الرئيس فيدل كاسترو

10 avril — Accord de paix en Irlande entre Protestants et Catholiques.

١٠ نيسان / أبريل - اتفاق السلام في آيرلندا بين البروتستانت والكاثوليك

15 avril — Mort de Pol Pot, chef des Khmers Rouges. Son mouvement se désagrège.

١٥ نيسان / أبريل - وفاة بول بوت زعيم الخمير الحمر وبموته تتفكك حركته ذات السمعة السيئة والمسؤولة عن أعمال إبادة جماعية مهولة

30 avril — Mort du poète syrien Nizâr Qabbâni (75 ans) dont l'immense oeuvre va de l'amour de la Femme à une révolte sans limite contre les injustices.

٣٠ نيسان / أبريل - وفاة الشاعر السوري نزار قباني (٧٥ عاماً) وهو من أعظم شعراء القرن العشرين وشعره يضم روائع في حب المرأة وانتقاد الظلم والفساد وخاصة في عالم السياسة

1er juin — Entrée en fonction de la Banque centrale européenne.

١ حزيران / يونيو - البنك المركزي الأوربي يبدأ أعماله

25 juin — Assassinat du chanteur kabyle algérien Lounès Matoub par des islamistes sur une route de Kabylie.

٢٥ حزيران / يونيو - اغتيال المغني القبائلي الجزائري لونيس معتوب على يد الإرهابيين الإسلاميين على الطريق العام في شمال الجزائر

12 juillet — La France remporte la Coupe du Monde de football en battant le Brésil en finale 3-0.

١٢ تموز / يوليو - فرنسا تفوز بكأس العالم لكرة القدم بعد هزيـمتها للبرازيل في المباراة النهائية بثلاثة أهداف نظيفة

20 août — La flotte américaine détruit une usine pharmaceutique soudanaise soupçonnée de fabriquer des armes

٢٠ آب / أغسطس - الأسطول الأمريكي يحطم مصنعاً للأدوية في السودان متهماً إياه بتصنيع أسلحة كيمياوية بينما نفت السودان هذه التهمة

chimiques. Une enquête de l'ONU révèle par la suite qu'il n'en était rien et que c'était bien une usine pharmaceutique.

وقد تبين فيما بعد حسب تقرير للأمم المتحدة أن المصنع كان فعلاً مخصصاً لصناعة الأدوية ولم يكن فيه أي سلاح كيمياوي

16 octobre — Arrestation inattendue à Londres du dictateur chilien Augusto Pinochet, à la suite d'un mandat international lancé par un juge espagnol.

١٦ تشرين الأول / أكتوبر - اعتقال مفاجئ للدكتاتور الشيلي السابق بينوشيه في لندن إثر صدور تذكرة توقيف دولية في حقه أصدرها أحد قضاة التحقيق الإسبان

27 octobre — Gerhard Schröder devient chancelier d'Allemagne.

٢٧ تشرين الأول / أكتوبر - جيرهارد شرودر يصبح مستشار ألمانيا

24 novembre — Ouverture au trafic international de l'aéroport de Gaza.

٢٤ تشرين الثاني / نوفمبر - افتتاح مطار غزة الدولـي

1999

عام ألف وتسعمائة وتسعة وتسعين

7 février — Mort de Hussein de Jordanie (64 ans).

٧ شباط / فبراير - وفاة ملك الأردن الحسين بن عبد الله وهو في الرابعة والستين من عمره

12 mars — Mort du violoniste américain Yehudi Menuhin (83 ans).

١٢ آذار / مارس - وفاة عازف الكمنجة الأمريكي يهودي منوين وهو في الثالثة والثمانين من عمره

23 mars — Les pays de l'OPEP réduisent leur production pour une durée d'un an pour enrayer la chute des prix.

٢٣ آذار / مارس - الدول الأعضاء في منظمة الأوبك تخفض حجم الإنتاج الإجمالي وذلك في محاولة لاحتواء انخفاض الأسعار

24 mars — Début des bombardements de l'OTAN sur la Serbie à la suite du conflit du Kosovo.

٢٤ آذار / مارس - حلف الناتو يبدأ القصف الجوي على صربيا بعد تأزم الوضع في الكوسوفو (وهو الاسم الحديث لولاية قصوة العثمانية)

26 mars — Renault acquiert 36 % du capital de Nissan.

٢٦ آذار / مارس - شركة رينو الفرنسية تشتري ٣٦ بالمائة من رصيد شركة نيسان اليابانية

17 mai — Victoire travailliste en

١٧ أيار / مايو - فوز حزب العمال الإسرائيلي في

Israël. Ehud Barak remplace Benyamin Netanyahou à la tête du gouvernement.

الانتخابات النيابية / إيهود باراك يصبح رئيساً للوزراء بدل بنجامين ناتانياهو

10 juin — Mort de l'humoriste français d'origine tunisienne Elie Kakou (39 ans).

١٠ حزيران / يونيو - وفاة الفنان الفرنسي الساخر إيلي كاكو (٣٩ سنة) والذي كان من أصل تونسي

19 juin — Conférence de Boulogne sur l'enseignement supérieur en Europe sur l'harmonisation des diplômes.

١٩ حزيران / يونيو - مؤتمر بولونيا (إيطاليا) حول الدراسات العليا في أوربا للسعي إلى وضع نظام متجانس للشهادات

23 juillet — Mort du roi du Maroc Hassan II (70 ans). Son fils aîné Mohammed VI lui succède sur le trône.

٢٣ تموز / يوليو - وفاة ملك المغرب الحسن الثاني وهو في السبعين من عمره / ابنه محمد السادس يخلفه على العرش

27 octobre — Le Premier ministre arménien est tué au sein du parlement suite à une fusillade.

٢٧ تشرين الأول / أكتوبر - مقتل رئيس الوزراء الأرمني داخل مبنى البرلمان إثر تبادل لإطلاق النار ذهب ضحيته بعض النواب أيضاً

12 décembre — Naufrage de l'Erika et marée noire sur les côtes de la Bretagne.

١٢ كانون الأول / ديسمبر - غرق ناقلة البترول أريكا يؤدي إلى تلوث شواطئ منطقة بريتاني

20 décembre — Le Portugal rétrocède Macao à la Chine après une occupation de 400 ans.

٢٠ كانون الأول / ديسمبر - البرتغال تعيد إلى الصين مقاطعة ماكاو بعد احتلالها وإدارتها لها مدة أربعمائة سنة

26 décembre — Une très violente tempête traverse l'Europe de l'Ouest. D'énormes dégâts et des centaines de morts, le jour de son passage et parmi les forestiers travaillant à l'élagage des arbres abîmés.

٢٦ كانون الأول / ديسمبر - عاصفة عنيفة تجتاح أوربا الغربية وتتسبب في حدوث خسائر هائلة في الأرواح والممتلكات وخاصة إثر تساقط عدد كبير من الأشجار بعضها على الدور والسيارات والأسلاك الكهربائية وقد مات المئات من السكان عند مرورها وفيما بعد من بين الحطابين

31 décembre — Démission inattendue du président russe Boris Eltsine. Vladimir Poutine devient président par intérim.

٣١ كانون الأول / ديسمبر - استقالة الرئيس الروسي بوريس يلتسين بشكل مفاجئ / فلاديمير بوتين يصبح رئيساً لروسيا بالوكالة

2000

عام ألفين

2 mars — Augusto Pinochet quitte Londres pour le Chili.

٢ آذار / مارس - الجنرال أوغستو بينوشيه يغادر لندن إلى بلاده شيلي

26 mars — Vladimir Poutine élu président de la Russie dès le premier tour.

٢٦ آذار / مارس - انتخاب فلاديمير بوتين رئيساً لروسيا في الدور الأول من الانتخابات

6 avril — Mort de Bourguiba (97 ans).

٦ نيسان / أبريل - وفاة الحبيب بورقيبة (٩٧ عاماً)

23 mai — En difficulté face à la résistance libanaise, l'armée israélienne se retire du sud du Liban.

٢٣ أيار / مايو - الجيش الإسرائيلي ينسحب من جنوب لبنان بسبب قوة المقاومة اللبنانية التي يواجهها

10 juin — Mort de Hafez al-Assad (70 ans).

١٠ حزيران / يونيو - وفاة الرئيس السوري حافظ الأسد وهو في السبعين من عمره

25 juillet — Un concorde d'Air France prend feu après son décollage de Roissy. Cent treize personnes périssent dans cette catastrophe qui annonce la fin de la carrière de l'avion franco-britannique.

٢٥ تموز / يوليو - اندلاع النيران في طائرة كونكورد للخطوط الجوية الفرنسية بعد إقلاعها من مطار رواسي ومقتل مائة وثلاثة عشر شخصاً من بين الركاب وطاقم الطائرة وقد عجلت هذه الكارثة في توقف استعمال هذه الطائرة الفرنسية - البريطانية

26 juillet — Kofi Anan réunit à New York les patrons de 50 grandes entreprises multinationales et des dirigeants d'ONG pour tenter de concilier mondialisation et droits de l'homme par un "Pacte mondial".

٢٦ تموز / يوليو - الأمين العام للأمم المتحدة كوفي أنان يجتمع برؤساء خمسين من أكبر الشركات المتعددة الجنسيات إضافة لمدراء منظمات غير حكومية من أجل البحث في السبل الممكنة للتوفيق بين العولمة وحقوق الإنسان وإمكانية وضع ميثاق عالمي لذلك

28 septembre — Ariel Sharon sur l'Esplanade des Mosquées. / Nouvelle Intifâda.

٢٨ أيلول / سبتمبر - آرييل شارون يزور الحرم الشريف في القدس مما يشعل انتفاضة جديدة في الأراضي الفلسطينية المحتلة

10 novembre — Mort de Jacques Chaban-Delmas (85 ans), ancien

١٠ تشرين الثاني / نوفمبر - وفاة جاك شابان دالماس (٨٥ سنة) وكان قد شغل مناصب عدة

Premier ministre français, ancien maire de Bordeaux, ancien président de l'Assemblée nationale et candidat malheureux à la présidence en 1974.

كرئيس للوزراء وعمدة لمدينة بوردو ورئيس لمجلس النواب إضافة إلى كونه مرشحاً للرئاسة عام ١٩٧٤ في انتخابات خسرها في الدور الأول بينما فاز فيها فاليري جيسكار ديستان في الدور الثاني

12 décembre — Après un mois de comptage des bulletins de vote, George W. Bush est déclaré vainqueur de l'élection présidentielle aux Etats-Unis.

١٢ كانون الأول / ديسمبر - بعد فرز للأصوات دام شهراً أعلن فوز الـمرشح الجمهوري جورج بوش الابن في الانتخابات الرئاسية الأمريكية على منافسه الديـمقراطي آل غور

2001

عام ألفين وواحد

15 janvier —Lancement de *Wikipédia* sur Internet.

١٥ كانون الثاني / يناير - انطلاقة الموسوعة الألكترونية المجانية ويكيبيديا في الإنترنت

Mars — Dynamitage en Afghanistan des statues des Bouddhas de Bâmiyân.

آذار / مارس - الطالبان يفجرون تـماثيل بوذا العملاقة في باميان في أفغانستان

28 juin — Transfert de Slobvodan Milosevic à la Haye pour comparaître devant le Tribunal pénal international pour l'ex-Yougoslavie.

٢٨ حزيران / يونيو - نقل الرئيس الصربي السابق سلوبفودان ميلوسفيتش إلى مدينة لاهاي في هولندا من أجل المثول أمام القضاء في المحكمة الدولية الخاصة بيوغسلافيا

20-22 juillet — Le G8 à Gênes provoque de grandes manifestations de protestation.

٢٠-٢٢ تموز / يوليو - مظاهرات هائلة لدى انعقاد مؤتمر الثمانية في مدينة جنوة الإيطالية

9 septembre — Attentat suicide contre le commandant Massoud, qui y laisse sa vie (48 ans).

٩ أيلول / سبتمبر - عملية إرهابية انتحارية تودي بحياة القائد مسعود في شمال أفغانستان وهو في الثامنة والأربعين من عمره

11 septembre — Quatre avions civils détournés aux USA par les terroristes d'al-Qaida. Dégâts considérables à New York (World Trade Center) et à

١١ أيلول / سبتمبر - اختطاف أربع طائرات مدنية في أمريكا على يد إرهابيين من أعضاء القاعدة من أجل الانقضاض على مباني استراتيجية في نيويورك وواشنطن / انهيار برجين وتحطم جزء من البنتاغون

Washington (Pentagone). Près de quatre mille morts.	ومقتل حوالي أربعة آلاف شخص / المفاجأة تهز أمريكا والعالم
13 septembre — Les Américains accusent Usama Ben Laden d'être le commanditaire des attentats.	١٣ أيلول / سبتمبر - الأمريكان يتهمون أسامة بن لادن كمسؤول أول عن الهجوم الإرهابي الذي تعرضت له بلادهم
21 septembre — Explosion de l'usine AZF à Toulouse : 30 morts et des milliers de blessés.	٢١ أيلول / سبتمبر - انفجار هائل في معمل للمنتجات الكيمياوية في مدينة تولوز الفرنسية يؤدي إلى مقتل ثلاثين شخصاً وجرح الآلاف
23 octobre — Apple lance l'iPod.	٢٣ تشرين الأول / أكتوبر - شركة أبل تسوق الآيبود

2002

عام ألفين واثنين

Inauguration de la Nouvelle Bibliothèque d'Alexandrie en Egypte.	افتتاح مكتبة الإسكندرية الجديدة في مصر وهي من أحدث المكتبات في الشرق الأوسط
1ᵉʳ janvier — Application du traité de Maastricht avec l'adoption de la monnaie unique, l'euro, dans douze pays.	١ كانون الثاني / يناير - تطبيق معاهدة ماسترشت باعتماد العملة الموحدة وهي اليورو في اثني عشر بلداً
11 avril — Attentat devant la synagogue de Djerba (Tunisie) : 21 morts dont 14 touristes allemands.	١١ نيسان / أبريل - انفجار إرهابي قرب كنيس جربة في تونس يودي بحياة واحد وعشرين شخصاً منهم أربعة عشر سائحاً ألمانياً
5 mai — Jacques Chirac est réélu face à Jean-Marie Le Pen avec 82 % des voix. Jean-Pierre Raffarin est nommé Premier ministre.	٥ أيار / مايو - فوز جاك شيراك بالانتخابات الرئاسية الفرنسية للمرة الثانية وقد حصل على ٨٢ بالمائة من الأصوات ضد جان ماري لوبان وقد عين جان بيير رافاران رئيساً للوزراء
26 mai — Un amendement de la constitution tunisienne supprime la limitation du nombre des mandats	٢٦ أيار / مايو - تعديل الدستور التونسي من أجل إلغاء تحديد الفترات الانتخابية لمنصب رئيس الجمهورية مما يفتح الباب للرئيس للبقاء في الحكم

présentiels.

مدى الحياة

19 août — Abou Nidal, chef d'une organisation palestinienne soupçonnée de nombreuses actions terroristes, est retrouvé assassiné à Bagdad.

١٩ آب / أغسطس - العثور على جثة رئيس منظمة فلسطينية يشتبه في مسؤوليتها عن أعمال إرهابية عديدة وهو أبو نضال وقد عثر عليه مقتولاً في شقته في العاصمة العراقية بغداد

2003

عام ألفين وثلاثة

1er février — Désintégration de la navette spatiale Columbia à son entrée dans l'atmosphère terrestre. Sept astronautes y laissent leur vie.

١ شباط / فبراير - تفكك المركبة الفضائية الأمريكية كولومبيا لدى دخولها إلى الغلاف الجوي للكرة الأرضية في طريق عودتها من الفضاء ومقتل سبعة من رواد الفضاء كانوا على متنها

16-23 mars — Troisième Forum mondial de l'eau à Kyôto.

١٦-٢٣ آذار / مارس - انعقاد المنتدى العالمي الثالث لشؤون الماء في مدينة كيوتو اليابانية

Mars — Les Américains et leurs alliés envahissent l'Irak. Fin du régime dictatorial de Saddam Hussein.

آذار / مارس - الأمريكان وحلفاؤهم يغزون العراق / سقوط النظام الدكتاتوري لصدام حسين وحزب البعث

31 mai — Dernier vol commercial du Concorde sous les couleurs d'Air France.

٣١ أيار / مايو - آخر رحلة تجارية لطائرة الكونكورد على الخطوط الجوية الفرنسية

Eté — Forte canicule en France : environ quinze mille décès de plus que la moyenne habituelle.

الصيف - موجة من الحر الشديد تجتاح فرنسا وتؤدي إلى خمسة عشر ألف حالة وفاة فوق المعدل المعتاد لعدد الوفيات

Création de la chaîne saoudienne *al-Arabiyya* dont le siège est à Dubai. Un grand professionnalisme au service d'une information officielle.

تأسيس قناة «العربية» وهي قناة سعودية ولكن مقرها في دبي في الإمارات العربية وهذه القناة تتمتع بمهنية عالية جداً ولكنها تتبع سياسة إخبارية موجهة ورسمية

14 décembre — Arrestation de Saddam

١٤ كانون الأول / ديسمبر - القبض على صدام

Hussein, en fuite depuis avril, dans un village près de Takrit, sa ville natale.

حسين الفار منذ شهور في قرية قريبة من مسقط رأسه تكريت

2004

1er janvier - Adhésion de dix nouveaux Etats membres à l'UE : Chypre, Estonie, Hongrie, Lituanie, Lettonie, Malte, Pologne, République tchèque, Slovaquie, Slovénie.

4 février — Lancement de Facebook.

28 avril — La presse internationale révèle la pratique de la torture par les Américains en Irak et notamment dans la prison d'Abou Ghreib.

24 octobre — Le Brésil réussit son premier lancement spatial.

26 décembre — Un séisme très violent dans l'océan indien provoque un tsunami et cause la mort d'environ 250.000 personnes.

عام ألفين وأربعة

١ كانون الثاني / يناير - انضمام عشرة دول أعضاء للاتحاد الأوربي وهي قبرص وإستونيا وهنغاريا ولتوانيا وليتونيا ومالطا وبولندا والجمهورية التشيكية وسلوفاكيا وسلوفينيا ليصبح عدد الدول الأعضاء ثلاثة وعشرين دولة

٤ شباط / فبراير - انطلاقة الفيسبوك على الإنترنت

٢٨ نيسان / أبريل - الصحافة العالمية تنشر الأخبار عن ممارسة الأمريكان للتعذيب في العراق وخاصة في سجن «أبو غريب» وهو سجن له تاريخ قمعي طويل في تاريخ العراق

٢٤ تشرين الأول / أكتوبر - البرازيل تطلق بنجاح أول صاروخ فضائي لها

٢٦ كانون الأول / ديسمبر - زلزال عنيف جداً يهز أعماق المحيط الهندي قرب إندونيسيا ويثير تسونامي رهيب يودي بحياة حوالي مائتين وخمسين ألف شخص

2005

9 janvier — Mahmoud Abbas est élu président de l'autorité palestinienne.

عام ألفين وخمسة

٩ كانون الثاني / يناير - انتخاب محمود عباس (أبو مازن) رئيساً للسلطة الفلسطينية

26 janvier — Ouverture du 5ème Forum social mondial à Porto Alegre au Brésil.

٢٦ كانون الثاني / يناير - افتتاح الندوة الاجتماعية العالمية الخامسة في بورتو آليغري في البرازيل

30 janvier — Premières élections pluralistes en Irak depuis 1958.

٣٠ كانون الثاني / يناير - أول انتخابات حرة ومفتوحة في العراق منذ ١٩٥٨

14 février — Assassinat à Beyrouth du Premier ministre libanais, Rafiq Hariri (61 ans). / Lancement de *YouTube* sur Internet.

١٤ شباط / فبراير - اغتيال رئيس الوزراء اللبناني السابق رفيق الحريري وهو في الواحدة والستين من عمره / انطلاق شبكة يوتيوب لنشر الفيديوهات على الإنترنت

2 avril — Mort du Pape Jean-Paul II (85 ans).

٢ نيسان / أبريل - وفاة البابا يوحنا بولص الثاني وهو وفي الخامسة والثمانين من عمره

19 avril — Le cardinal allemand Joseph Ratzinger est élu pape et porte le nom de Benoît XVI.

١٩ نيسان / أبريل - انتخاب الكاردينال الألماني جوزيف راتسينجر ليصبح البابا الجديد وقد اتخذ اسم بندكتوس السادس عشر

24 avril — Premier vol de l'avion européen Airbus A380.

٢٤ نيسان / أبريل - أول رحلة للطائرة الأوربية إيرباص ٣٨٠ A

28 juin — Le Canada légalise le mariage entre personnes de même sexe.

٢٨ حزيران / يونيو - الزواج بين شخصين من جنس واحد يصبح مشروعاً في كندا

15 août — Début du démantèlement des colonies juives près de la Bande de Gaza conformément à un plan de désengagement.

١٥ آب / أغسطس - بداية تفكيك المستوطنات اليهودية قرب قطاع غزة وفقاً لخطة تخلية تم الاتفاق عليها علماً بأن سياسة الاستيطان استمرت في الضفة الغربية وفي القدس

2006

عام ألفين وستة

25 janvier — Le Hamas remporte les élections palestiniennes face au Fatah.

٢٥ كانون الثاني / يناير - حركة حماس تفوز في الانتخابات الفلسطينية وتتقدم على فتح

22 février — Attentat à Samarra (Irak)

٢٢ شباط / فبراير - عملية إرهابية تؤدي إلى انهيار

contre les mausolées chiites.

Mars — Forte contestation étudiante en France contre le CPE (Contrat de première embauche), qui finit pas être abandonné.

22 mars — L'ETA basque annonce un cessez-le-feu permanent.

3 juin — Proclamation de l'indépendance du Montenegro.

12 juillet - 14 août — Affrontements entre l'armée israélienne et le Hizbollah libanais. L'aviation israélienne détruit les infrastructures du pays. Les affrontements se terminent par le retrait de l'armée israélienne du Liban après y avoir subi de lourdes pertes. Premier revers militaire d'envergure de l'histoire d'Israël. / Le 17 juillet, malgré les bombardements israéliens, le Premier ministre français Dominique de Villepin effectue une visite à Beyrouth.

30 août — Mort au Caire du plus célèbre romancier égyptien Naguib Mahfouz (95 ans), Prix Nobel de littérature en 1988.

12 décembre — Manifestations des opposants égyptiens laïcs du mouvement *Kifâya* contre une éventuelle présidence de Moubarak fils (Gamal).

15 décembre — Mahmoud Abbas

أضرحة الأئمة الشيعة في سامراء في العراق

آذار / مارس - حركة احتجاج شديدة عند الطلاب في فرنسا ضد مشروع عقد جديد للعمل اعتبر معادياً لحقوقهم وللحقوق الاجتماعية للعاملين وقد أدت الاحتجاجات إلى إلغاء المشروع

٢٢ آذار / مارس - حركة الباسكيين الانفصالية في إسبانيا تعلن وقفاً دائماً لإطلاق النار

٣ حزيران / يونيو - إعلان استقلال دولة الجبل الأسود التي كانت جزءاً من يوغسلافيا

١٢ تموز / يوليو - ١٤ آب / أغسطس - مواجهات مسلحة عنيفة بين الجيش الإسرائيلي وقوات حزب الله اللبناني / الطيران الإسرائيلي يدمر البنى التحتية للبنان / المواجهات تنتهي بانسحاب الجيش الإسرائيلي بعد أن تكبد خسائر كبيرة وهي أول انتكاسة عسكرية في تاريخ إسرائيل / في ١٧ تموز - يوليو ورغم القصف الإسرائيلي قام رئيس الوزراء الفرنسي دومينيك دي فيلبان بزيارة إلى بيروت ليؤكد تضامن بلاده مع اللبنانيين وقد أدت هذه الأحداث إلى ظهور شعبية جديدة لحزب الله حتى في جزء من الشارع المسيحي وصارت بعض الصحف تسميه بـ «المقاومة اللبنانية»

٣٠ آب / أغسطس - وفاة الروائي المصري الشهير نجيب محفوظ (عاش ٩٥ عاماً) وكان قد حاز على جائزة نوبل للآداب عام ١٩٨٨

كانون الأول / ديسمبر - مظاهرات في مصر لحركة «كفاية» العلمانية ضد اتجاه الحزب الحاكم في البلاد إلى فتح الطريق لترشح جمال ابن الرئيس مبارك لرئاسة الجمهورية

١٥ كانون الأول / ديسمبر - الرئيس الفلسطيني

annonce l'organisation d'élections anticipées contre la volonté du gouvernement dominé par le Hamas.

محمود عباس يعلن تنظيم انتخابات مبكرة رغم معارضة حركة حماس لذلك وكانت حماس تـمثل الأغلبية في الحكومة وفقاً للانتخابات السابقة

30 décembre — Exécution par pendaison du dictateur irakien Saddam Hussein.

٣٠ كانون الأول / ديسمبر - إعدام صدام حسين شنقاً في بغداد / بث تصوير لإعدامه في التلفزيون

2007

عام ألفين وسبعة

1er janvier — Adhésion de la Bulgarie et de la Roumanie à l'UE.

١ كانون الثاني / يناير - انضمام بلغاريا ورومانيا إلى الاتحاد الأوربـي

6 mai — Election de Nicolas Sarkozy à la présidence en France. François Fillon devient Premier ministre.

٦ أيار / مايو - انتخاب نيقولا ساركوزي رئيساً لفرنسا بنسبة ٥٤ بالمائة من الأصوات / فرانسوا فييون يصبح رئيساً للوزراء

5 août — Mort de l'historien Henri Amouroux, spécialiste de l'histoire de la deuxième Guerre mondiale (87 ans).

٥ آب / أغسطس - وفاة المؤرخ الفرنسي هنري أمورو (٨٧ عاماً) والذي كان متخصصاً بتاريخ الحرب العالمية الثانية

25 août — Mort de Raymond Barre (83 ans), ancien Premier ministre et professeur réputé d'économie.

٢٥ آب / أغسطس - وفاة ريمون بار (٨٣ عاماً) وقد كان رئيساً سابقاً للوزراء في فرنسا إضافة إلى كونه أستاذاً معروفاً في الاقتصاد

28 septembre — Dominique Strauss-Khan est élu directeur du FMI.

٢٨ أيلول / سبتمبر - دومينيك ستروس خان يصبح مديراً لصندوق النقد الدولي

10 décembre — Visite officielle de Mouammar Kadhafi à Paris dont une image insolite reste dans les mémoires, celle de la tente installée dans les jardins de l'Elysée.

١٠ كانون الأول / ديسمبر - الرئيس الليبي معمر القذافي يقوم بزيارة رسمية إلى فرنسا بعد أشهر من انتخاب ساركوزي وقد واجهت هذه الزيارة بعض الانتقادات وخاصة بسبب نصب خيمة له في حدائق قصر الأليزيه الرئاسي

27 décembre — Assassinat de l'ancienne

٢٧ كانون الأول / ديسمبر - اغتيال بناضير بوتو

Première ministre pakistanaise Benazir Bhutto (54 ans).

رئيسة الوزراء الباكستانية السابقة وهي في الرابعة والخمسين من عمرها

2008

عام ألفين وثمانية

18 janvier — Israël soumet la Bande de Gaza à un blocus total.

١٨ كانون الثاني / يناير - إسرائيل تفرض حصاراً شاملاً على قطاع غزة

23 janvier — Destruction partielle de la barrière entre Gaza et le Sinaï et entrée massive de Palestiniens à la recherche de denrées alimentaires dans les magasins proches de la frontière.

٢٣ كانون الثاني / يناير - تحطيم جزئي للحاجز الفاصل بين قطاع غزة ومصر ودخول أعداد كبيرة من الفلسطينيين إلى سيناء من أجل شراء ما يلزمهم من المواد الغذائية لدى أصحاب الدكاكين والمحلات التجارية في المدن والقرى القريبة من الحدود

26 janvier — Mort de George Habache (81 ans), chef du FPLP, organisation palestinienne qui refusait la paix avec Israël.

٢٦ كانون الثاني / يناير - وفاة جورج حبش (٨١ عاماً) وهو مؤسس ورئيس الجبهة الشعبية لتحرير فلسطين والتي كانت ترفض التفاوض مع إسرائيل وتدعو إلى العمل السياسي المسلح

7 février — Le parlement turc vote la levée d'interdiction du voile à l'université.

٧ شباط / فبراير - البرلمان التركي يصوت على إلغاء حظر الحجاب في الجامعات

19 février — Fidel Castro se retire et cède la place à son frère Raul.

١٩ شباط / فبراير - الرئيس الكوبي فيدل كاسترو يعتزل الحياة السياسية ويترك منصبه لأخيه راؤول

Févier-mars — Bombardements israéliens sur Gaza. Violente manifestation de protestation au Caire.

شباط / فبراير - آذار / مارس - قصف إسرائيلي على غزة يثير الاحتجاجات في بعض الدول العربية وخروج مظاهرات حاشدة في القاهرة ضد إسرائيل

Fin mars — On dénombre déjà plus de 4000 soldats américains tués en Irak.

آخر آذار / مارس - خسائر الجيش الأمريكي في العراق ترتفع إلى أكثر من ٤٠٠٠ قتيل

Juillet — Le Tour de France est marqué par des soupçons de dopage, qui touchent

تموز / يوليو - سباق «تور دي فرانس» للدراجات الهوائية تشوبه اتهامات باستعمال المنشطات من

certains coureurs et certaines équipes.	قبل بعض المشاركين فيه
15 septembre — Faillite de la banque américaine *Lehman Brothers*.	١٥ أيلول / سبتمبر - إفلاس البنك الأمريكي ليمان بروذرز (الإخوة ليمان)
4 novembre — *Barack Obama* premier noir élu président des Etats-Unis.	٤ تشرين الثاني / نوفمبر - انتخاب أول زنجي للرئاسة في الولايات المتحدة وهو باراك أوباما
17 novembre — Le fils aîné du roi de *Bahrein* porte plainte contre Mickael Jackson pour détournement d'argent (7,7 millions de dollars). L'artiste dit que c'était un cadeau.	١٧ تشرين الثاني / نوفمبر - الابن الأكبر لملك البحرين يرفع دعوى ضد مايكل جاكسون متهماً إياه بابتزاز سبعة ملايين وسبعمائة ألف دولار . والمغني الأمريكي يرد بأن هذا المبلغ تلقاه كهدية من صديقه الأمير
12 décembre — Arrestation de *Bernard Madoff*.	١٢ كانون الأول / ديسمبر - توقيف الخبير المالي الأمريكي برنارد مادوف

2009

عام ألفين وتسعة

3 janvier — Les forces israéliennes entrent dans *Gaza*. Cessez-le-feu le 18 janvier. 1330 Palestiniens tués ansi que 13 Israéliens.	٣ كانون الثاني / يناير - القوات الإسرائيلية تدخل إلى غزة - العمليات تدوم إلى يوم ١٨ من الشهر نفسه وتودي بحياة ١٣٣٠ فلسطينياً و١٣ إسرائيلياً وتسمى هذه العمليات بحرب غزة الثانية
13 juin — Réélection de *Mahmoud Ahamdinajade* à la présidence en Iran.	١٣ حزيران / يونيو - انتخاب محمود أحمدي نجاد لدورة ثانية كرئيس لإيران
25 juin — Mort de *Mickael Jackson* (49 ans).	٢٥ حزيران / يونيو - وفاة مايكل جاكسون وهو في التاسعة والأربعين من عمره
25 août — Mort du sénateur américain *Ted Kennedy* (77 ans).	٢٥ آب / أغسطس - وفاة الشيخ الأمريكي إدوارد كندي وهو في السابعة والسبعين من عمره
25 octobre — 5ème mandat pour le président tunisien *Ben Ali*.	٢٥ تشرين الأول / أكتوبر - فترة رئاسية خامسة للرئيس التونسي زين العابدين بن علي

1er décembre — Entrée en vigueur du traité de Lisbonne. Le Conseil européen se dote d'un président et d'un haut représentant pour la politique étrangère.

١ كانون الأول / ديسمبر - معاهدة لشبونة تدخل إلى حيز التنفيذ ويصبح للمجلس الأوربي رئيس وممثل سامٍ لإدارة الشؤون الخارجية والشؤون الأمنية المشتركة

2010

عام ألفين وعشرة

Istanbul capitale européenne de la Culture.

المدينة التركية إسطنبول عاصمة ثقافية لأوربا والمعروف أن جزءاً منها في أوربا والآخر في آسيا

12 janvier — Un très violent séisme frappe Haïti : environ 220.000 morts et des destructions de grande ampleur.

١٢ كانون الثاني / يناير - زلزال عنيف جداً يصيب جزيرة هايتي في البحر الكاريبي ويؤدي إلى مقتل حوالي مائتين وعشرين ألف شخص

27 janvier — Lancement de l'iPad.

٢٧ كانون الثاني / يناير - شركة أبل تسوق الآيباد

6 mai — Les Conservateurs remportent les législatives en Grande-Bretagne. David Cameron remplace Gordon Brown comme Premier ministre.

٦ أيار / مايو - فوز المحافظين في الانتخابات البرلمانية البريطانية / ديفيد كامرون يحل محل غوردن بروان كرئيس للوزراء وقد فاز كامرون فيما بعد بفترة ثانية في انتخابات سنة ٢٠١٥

31 mai — Abordage israélien d'une flotille humanitaire en chemin vers Gaza (Free Gaza). Dix morts et de nombreux blessés. L'ONU condamne l'usage de la force, mais rappelle plus tard que le blocus de Gaza est légal.

٣١ أيار / مايو - القوات الإسرائيلية تقتحم سفن الأسطول الإنساني المتجه إلى غزة وتغير وجهته إلى موانئها وقد قتل في هذه العملية عشرة من أعضاء البعثة الإنسانية مما جعل الأمم المتحدة تنتقد استخدام الإسرائيليين للعنف لكنها ذكرت فيما بعد بأن الحصار المفروض على غزة مشروع

28 novembre — Début des révélations de *WikiLeaks*.

٢٨ تشرين الثاني / نوفمبر - بداية تسريب الوثائق السرية فيما يسمى بالويكيليكس

17 décembre — Muhammad al-Bouazizi, vendeur ambulant de Sidi-Bouzid (Tunisie), s'immole devant la mairie de sa

١٧ كانون الأول / ديسمبر - أحد الباعة المتجولين في مدينة سيدي بوزيد التونسية واسمه محمد البوعزيزي يحرق نفسه أمام مبنى البلدية في

ville pour protester contre ses conditions de vie ; il aurait été giflé par une policière lui disant en français : dégage ! Il mourra à l'hôpital le 4 janvier suivant. C'était l'événement déclencheur du printemps arabe.

مدينته احتجاجاً على الظروف البائسة التي كان يعيش فيها كبائع متجول دون رخصة رسمية ويقال إنه فعل ذلك لأن شرطية صفعته وقالت له بالفرنسية : dégage (ارحل) وقد توفي في المستشفى في الرابع من الشهر التالي وكان هذا الحدث بداية لما سمي فيما بعد بالربيع العربي

2011

14 janvier — Départ de Ben Ali en exil en Arabie saoudite.

11 février — Le vice-président égyptien annonce à la télévision que Moubarak remet le pouvoir aux mains de l'armée.

15 février — Un sit-in à Benghazi est violemment dispersé par la police. Début des révoltes en Libye.

2 mai — Mort d'Usama Ben Laden, tué par un commando américain, dans sa résidence secrète au Pakistan.

9 juillet — Le Soudan est partagé en deux pays.

20 octobre — Kadhafi est capturé et lynché par la foule.

23 octobre — Election de l'Assemblée constituante tunisienne.

31 octobre — La Palestine devient

عام ألفين وأحد عشر

١٤ كانون الثاني / يناير - رحيل زين العابدين بن علي إلى المنفى في العربية السعودية

١١ شباط / فبراير - نائب الرئيس المصري يعلن في التلفزيون ترك الرئيس مبارك السلطة بين أيدي قادة الجيش

١٥ شباط / فبراير - اعتصام في بنغازي تفرقه الشرطة بعنف ويعد هذا الحدث بداية الاحتجاجات ضد حكم القذافي

٢ أيار / مايو - مقتل أسامة بن لادن على يد كوماندو أمريكي في منزله السري قرب مدينة إسلام آباد في باكستان

٩ تموز / يوليو - تقسيم السودان إلى بلدين مستقلين عن بعضهما

٢٠ تشرين الأول / أكتوبر - القبض على القذافي وقتله في الشارع على يد المحتجين

٢٣ تشرين الأول / أكتوبر - انتخاب المجلس التأسيسي التونسي

٣١ تشرين الأول / أكتوبر - فلسطين تصبح عضوة

membre titulaire de l'Unesco.

18 décembre — Les Américains achèvent leur retrait d'Irak.

رسمية في اليونسكو

١٨ كانون الأول / ديسمبر - الأمريكان يتمون انسحابهم من العراق حسب التزام أوباما

2012

11-22 mars — Crimes terroristes de Mohammed Merah à Montauban et à Toulouse.

6 mai — François Hollande est élu président de la France. Jean-Marc Ayrault est Premier ministre.

17 juin — Election de Muhammad Morsi, issu des Frères musulmans, à la présidence en Egypte.

6 août — Arrivée sur Mars du robot *Curiosity*.

6 novembre — Réélection de Barack Obama.

4 décembre — Ouverture du Louvre-Lens.

عام ألفين واثني عشر

١١-٢٢ آذار / مارس - جرائم إرهابية يرتكبها فرنسي من أصل عربي اسمه محمد ميرا في مدينتي مونتبان وتولوز ضد جنديين مسلمين وأطفال يهود ومعلمهم

٦ أيار / مايو - انتخاب فرانسوا هولاند رئيساً لفرنسا وهزيمة نيقولا ساركوزي / جان مارك إيروه يصبح رئيساً للوزراء

١٧ حزيران / يونيو - انتخاب محمد مرسي رئيساً لمصر وهو من جماعة الإخوان المسلمين وقد بقي في الحكم سنة واحدة وأزاحه الجيش في ٣ تموز ٢٠١٣

٨ آب / أغسطس - الروبوت الأمريكي كريوزتي يحط على سطح المريخ

٦ تشرين الثاني / نوفمبر - انتخاب باراك أوباما لفترة رئاسية ثانية

٤ كانون الأول / ديسمبر - افتتاح فرع لمتحف اللوفر في مدينة لانس في شمال فرنسا

2013

Marseille capitale européenne de la culture.

عام ألفين وثلاثة عشر

مارسيليا عاصمة ثقافية لأوربا طوال عام ٢٠١٣ وهي منذ زمن بعيد ملتقى لثقافات عديدة

11 janvier — Intervention militaire française au Mali, à la demande du gouvernement malien.

١١ كانون الثاني / يناير - فرنسا تتدخل عسكرياً في مالي ضد الجماعات الإسلامية بدعوة من الحكومة المالية

8 avril — Mort de "La Dame de fer", Margaret Thatcher (88 ans), ancienne Premier ministre britannique.

٨ نيسان / أبريل - وفاة رئيسة الوزراء البريطانية السابقة مارغريت ثاتشر المسماة بالمرأة الحديدية وهي في الثامنة والثمانين من عمرها

18 mai — Le parlement français adopte la loi autorisant le mariage entre personnes de même sexe.

١٨ أيار / مايو - البرلمان الفرنسي يتبنى قانوناً يسمح بزواج شخصين من جنس واحد وقد أطلق عليه اسم «الزواج للجميع»

6 juin — Début des révélations d'Edward Snowden sur les activités de surveillance de la NSA.

٦ حزيران / يونيو - بداية التسريبات التي قام بها الشاب الأمريكي إدوارد سنودن عن أعمال التجسس التي تقوم بها بلاده

14 juin — Hassan Rohani est élu président d'Iran dès le premier tour.

١٤ حزيران / يونيو - انتخاب حسن روحاني رئيساً لإيران في الدور الأول

3 juillet — L'armée prend le pouvoir en Egypte à la suite de manifestations de grande ampleur contre les Frères musulmans. Morsi est déposé et la constitution suspendue.

٣ تموز / يوليو - الجيش يعزل الرئيس المصري محمد مرسي ويدير شؤون البلاد إثر مظاهرات ضخمة ضد حكم الإخوان المسلمين وقد تم أيضاً تعليق الدستور وتشكيل حكومة جديدة وقد أدت الأحداث إلى توتر شديد في البلاد تتابع لشهور

29 octobre — Inauguration à Istanbul d'une ligne ferroviaire sous le Bosphore.

٢٩ تشرين الأول / أكتوبر - افتتاح خط للسكك الحديدية في إسطنبول يمر تحت مياه البوسفور

5 décembre — Mort de Nelson Mandela (95 ans).

٥ كانون الأول / ديسمبر - وفاة نيلسون مانديلا وهو في الخامسة والتسعين من عمره

2014

عام ألفين وأربعة عشر

15 janvier — Adoption d'une nouvelle

١٥ كانون الثاني / يناير - صياغة دستور جديد في

constitution en Egypte.

مصر

26 janvier — L'Assemblée constituante tunisienne adopte la nouvelle constitution.

٢٦ كانون الثاني / يناير - المجلس التأسيسي التونسي يتبنى الدستور الجديد بعد مداولات دامت أكثر من سنتين

27 janvier — Mort de Pete Seeger (95 ans), chanteur américain de folk, aux sensibilités mondialistes, antimilitaristes et socialistes.

٢٧ كانون الثاني / يناير - وفاة المغني الأمريكي بيت سيغر وهو في الخامسة والتسعين من عمره وكان معروفاً بميوله الإنسانية اليسارية الاشتراكية المعادية للتسلح وخاصة لحرب فييتنام

20 février — Election d'une assemblée constituante en Libye. / Début des affrontements en Ukraine et une crise à facettes multiples.

٢٠ شباط / فبراير - انتخاب مجلس تأسيسي في ليبيا / بداية الاشتباكات في أوكرانيا ووقوع أزمة في البلاد متعددة الوجوه اختلطت فيها المطالب الديمقراطية بالمواقف العنصرية والتدخلات الأجنبية

25 avril — Le Liban n'a plus de président. La classe politique est incapable de s'entendre sur la question.

٢٥ نيسان / أبريل - لبنان بلا رئيس بعد انتهاء مدة الرئيس سليمان والطبقة السياسية غير قادرة على تجاوز انقساماتها لانتخاب رئيس جديد

Mi-mai — Début de la guerre civile en Libye.

أواسط شهر أيار / مايو - بداية الحرب الأهلية في ليبيا

25 mai — Le Pape François prie au pied du mur de séparation, érigé par les Israéliens, devant des grafitti édifiants : "*Free Palestine*", "*Pope we need some 1 to speak about justice*"...

٢٥ أيار / مايو - البابا فرنسيس يصلي أمام الجدار الفاصل بين إسرائيل والأراضي المحتلة في موضع كتب فيه على الجدار : «فلسطين حرة» و«أيها البابا إننا بحاجة إلى من نتكلم معه عن العدالة» ولم يحظ هذا الحدث باهتمام وسائل الإعلام العالمية

28 mai — Abdulfattah as-Sissi élu président d'Egypte.

٢٨ أيار / مايو - انتخاب عبد الفتاح السيسي رئيساً لمصر وقد كان قبل ذلك وزيراً للدفاع في عهد مرسي

10 juin — Des groupes armés prennent le contrôle de la ville irakienne de Mossoul, avec un puissant soutien médiatique qualifiant les assaillants de

١٠ حزيران / يونيو - جماعات مسلحة تسيطر على مدينة الموصل الواقعة في شمال العراق وقد ساندت الهجوم وسائل إعلام كثيرة مسمية المسلحين بالثوار وقد ظهرت للعيان فيما بعد الطبيعة الإرهابية لهذه

"révolutionnaires". La suite a révélé la terreur des takfiristes de Daech qui semblent bénéficier de nombreuses complicités.

الجماعات التكفيرية التي أصبحت تسمى داعش والتي تحظى بدعم مالي وإعلامي وربما عسكري أيضاً من جهات عديدة في المنطقة مما مكنها من التوسع ونشر الدمار والمآسي في المنطقة

19 juin — Felipe VI devient roi d'Espagne à la suite de l'abdication de son père Juan-Carlos 1er.

١٩ حزيران / يونيو - فيليبه السادس يصبح ملكاً لإسبانيا خلفاً لوالده خوان كارلوس الذي تنازل عن العرش

8 juillet — Nouvelle guerre à Gaza : destructions massives et plus de 2300 morts parmi les Palestiniens et 66 parmi les Israéliens. Cessez-le-feu le 26 août. Images apocalyptiques qui poussent certains à comparer Gaza au ghetto de Varsovie. De nombreuses manifestations à travers le monde en soutien aux Palestiniens.

٨ تموز / يوليو - حرب جديدة في غزة تشنها إسرائيل على القطاع بعد اغتيال ثلاثة شبان إسرائيليين في الضفة الغربية واتهام إسرائيل لحركة حماس بالمسؤولية عن هذه الجريمة / العمليات العسكرية تؤدي إلى دمار كارثي واسع صاحبته خسائر بشرية زادت عن ٢٣٠٠ من بين الفلسطينيين إضافة إلى ٦٦ من الإسرائيليين / تم وقف القتال بعد خمسين يوماً / وقد عمت المظاهرات المساندة للفلسطينيين مدناً عديدة من العالم

24 juillet — Le Kurde Fouad Maassoum est élu président d'Irak, avec des pouvoirs plutôt symboliques. En septembre, il nomme à la tête du gouvernement Haydar al-Abadi, qui remplace al-Maliki, et qui est mieux accepté par les pays du Golfe, par l'Occident et par le clergé chiite.

٢٤ تموز / يوليو - انتخاب فؤاد معصوم رئيساً للعراق وهو من الأكراد والرئيس في العراق لا يتمتع بسلطة حقيقية / في أيلول - سبتمبر يكلف حيدر العبادي بتشكيل الحكومة بدلاً من نوري المالكي والعبادي كان المرشح الأكثر قبولاً لدى دول الخليج وأمريكا والدول الغربية والمرجعية الشيعية والعبادي والمالكي من حزب واحد هو حزب الدعوة

21 décembre — Béji Caïd Essebsi est élu président de Tunisie.

٢١ كانون الأول / ديسمبر - انتخاب الباجي قائد السبسي رئيساً لتونس

2015

عام ألفين وخمسة عشر

La terreur de Daech continue d'inquiéter et de révolter les esprits libres en Irak,

الإرهاب الذي تمارسه داعش متواصل في العراق وسورية وهو يشكل صدمة دائمة للضمائر الحرة في

en Syrie et ailleurs. Incompréhension grandissante dans la population de la région.

7-9 janvier — La terreur takfiriste frappe à Paris, au journal Charlie-Hebdo, contre une policière dans la rue, et dans un magasin cacher. Grande émotion dans tout le pays, mais aussi des tentatives multiples d'exploitation politique des événements. 17 victimes.

23 janvier — Salmane ben Abdulaziz devient roi d'Arabie saoudite à la suite du décès de son frère Abdullah.

25 janvier — Le parti SIRIZA (gauche radicale) sort vainqueur des élections législatives en Grèce, sans toutefois disposer de la majorité absolue.

18 mars — Attentat terroriste au Musée du Bardo (Tunis) : 24 morts dont 21 touristes.

26 mars — Début des bombardements sur le Yémen de la part d'une coalition menée par l'Arabie saoudite. Situation politique et militaire confuse et surtout drame humanitaire sans précédent dans le pays.

26 juin — Attentat contre un hôtel à Sousse (Tunisie) : 39 morts.

Fin juin — Accord entre l'Iran et les grandes puissances pour limiter le

المنطقة وخارجها بينما تتصاعد الحيرة بين السكان إزاء عجز القوى الداخلية والخارجية عن القضاء على هذا التنظيم الإرهابي

٧-٩ كانون الثاني / يناير - الإرهاب التكفيري وراء الهجوم على الصحيفة الفرنسية الساخرة شارلي أبدو وعلى شرطية في أحد الشوارع وعلى محل تجاري يهودي للأغذية وقد أثارت هذه الأعمال الإرهابية انفعالاً شديداً في كل البلاد فحاول البعض استغلالها لأغراض سياسية واستمر الجدل طويلاً حول أسبابها وقد ذهب ضحيتها سبعة عشر شخصاً

٢٣ كانون الثاني / يناير - سلمان بن عبد العزيز يصبح ملكاً للعربية السعودية خلفاً لأخيه عبد الله الذي توفي وهو في التسعين من عمره

٢٥ كانون الثاني / يناير - حزب سيريزا اليساري الراديكالي يفوز في الانتخابات النيابية في اليونان دون أن يحصل على الأغلبية المطلقة / ألكسيس تسيبراس يشكل الحكومة الجديدة

١٨ آذار / مارس - عملية إرهابية ضد السواح في متحف الباردو في تونس العاصمة تؤدي إلى مقتل ٢٤ شخصاً منهم ٢١ سائحاً

٢٦ آذار / مارس - بداية القصف على اليمن من قبل تحالف دولي ترأسه العربية السعودية / الوضع السياسي والعسكري غير واضح لكن الوضع الإنساني كارثي والدمار يتوسع يوماً بعد يوم / الوساطات الدولية عاجزة عن التوصل إلى وقف للقتال

٢٦ حزيران / يونيو - هجوم إرهابي على فندق في مدينة سوسة التونسية / مقتل ٣٩ شخصاً

نهاية شهر حزيران / يونيو - التوقيع في جنيف على الاتفاق النووي بين إيران والدول الكبرى

programme nucléaire iranien aux objectifs pacifiques contre la levée des sanctions économiques et financières. En même temps, l'Egypte essaie en vain d'amener la communauté internationale à inspecter le programme nucléaire d'Israël.

1ᵉʳ juillet — Rétablissement des relations entre les Etats-Unis et Cuba.

25 juillet-1ᵉʳ août — 100ᵉᵐᵉ Congrès mondial d'espéranto à Lille.

Août-septembre — Afflux croissant en Europe de réfugiés en provenance du Moyen-Orient et d'Afrique. L'Europe est divisée entre pays favorables à l'accueil et l'intégration des réfugiés, comme l'Allemagne, et d'autres hostiles ou hésitants.

وهي الولايات المتحدة وروسيا وبريطانيا وفرنسا والصين وألمانيا على أن تكتفي إيران بتطوير برنامج ينحصر على الأغراض السلمية مقابل رفع الحصار الاقتصادي والمالي المفروض عليها / في نفس الوقت تطالب مصر دون جدوى بأن يتم تفتيش دولي مماثل للبرنامج النووي الإسرائيلي

١ تموز / يوليو - إعادة العلاقات الدبلوماسية بين كوبا والولايات المتحدة الأمريكية

٢٥ تموز / يوليو - ١ آب / أغسطس - المؤتمر العالمي المائة للإسبرانتو ينعقد في مدينة ليل الفرنسية

آب / أغسطس - أيلول / سبتمبر - تدفق أعداد متزايدة من اللاجئين إلى أوربا قادمين من الشرق الأوسط وإفريقيا وسط انقسام عند الأوربيين تجاه هذه الظاهرة بين من يرحب باللاجئين ويعمل على دمجهم بالمجتمع وبين من يرفض اللاجئين صراحة ولا يرحب بالمهاجرين عامة بينما تبدو بلدان أخرى في حالة تردد ولا تستقبل إلا القليل منهم